www.tredition.de

AF204000

Eckard Minx
Friederike Müller-Friemauth

Planen
ins Ungewisse

**Lernkurven aus dem Foresight-Prozess
des Kleinwagens Smart**

www.tredition.de

© 2017 Eckard Minx, Friederike Müller-Friemauth

Verlag: tredition GmbH, Hamburg

ISBN
Paperback: 978-3-7345-9225-6
Hardcover: 978-3-7345-9226-3
e-Book: 978-3-7345-9227-0

Printed in Germany

Bildnachweise:
Titel: Fotolia 108043214
Autorenseite E. Minx: Jessen Oestergaard

Inhalt

Über die Autoren
Outline

Über die Autoren

Prof. Dr. Eckard Minx

Honorarprofessor an der HTW Berlin und der HBK Braunschweig; Gründer und Managing Partner von „Engelke Minx & Partner" – DIE DENKBANK, Berlin.

www.die-denkbank.de

Prof. Dr. Friederike Müller-Friemauth

Professorin für Allgemeine Betriebswirtschaftslehre, Strategisches Marketing und Innovationsmanagement an der FOM Hochschule für Oekonomie und Management, Köln; Mitgründerin von „Kühn Denken auf Vorrat" – Ökonomische Zukunftsforschung, Odenthal bei Köln.

www.denkenaufvorrat.de
www.preconomics.de

Outline

The Smart is exceptional within the automotive industry – a radical innovation that appeared on European markets in 2001 as a result of more than 20 years of mobility research. In this study the genesis of the small town car is traced as an example for a complex corporate foresight process, in order to reassess some of the central hypotheses about conditions and quality standards of intragroup foresight. The focus is on similarities and differences to the dominant economic discourse on strategic management of innovation and future. From the authors' point of view these relations will finally be classified and evaluated in a critical epilogue on science.

1. Einleitung

Ungewissheiten beim Innovieren mit Corporate Foresight

Das Thema Zukunft hat sich in den letzten Jahren wieder ins wirtschaftswissenschaftliche Interesse geschoben – das war nach der Jahrtausendwende noch anders. Seitdem jedoch die gleichsam vom Himmel gefallene Finanzkrise 2008 der Prognostik einen herben Dämpfer verpasst hatte, veränderte sich der Fokus auf Vorschauen und Prognosen. Maßgeblich *Nassim Taleb* (2010) traf den Zeitgeist, sorgte mit seiner konzeptionellen Neubegründung unvorhersehbarer Störereignisse für viel Aufmerksamkeit – und gleichzeitig für einen ersten Erklärungsversuch der Krise, der auch zukunftsforscherische Ansprüche bedient. Mit dem NSA-Skandal und der internationalen Debatte über Digitalisierung und Datensicherheit erfolgte ein zweiter Aufmerksamkeitsschub für globalwirtschaftliche Zukunftsbelange; und schließlich sorgen Griechenlandkrise wie Flüchtlingsströme dafür, dass sich Zukunft als Themenstandard im Diskurs komplexer Steuerungsprobleme nachhaltig zu etablieren scheint. Hinzu kommt die anhaltende Faszination am ökonomischen Geschehen im Silicon Valley: Inzwischen pilgern nicht nur prominente Unternehmensführer ins gelobte kalifornische Land, sondern auch Politiker. Das Interesse an dezidiert zukunftsorientierten Innovationsmodellen wächst – ökonomische Zukunftsthemen wie etwa Industrie 4.0 werden durch die Bundesregierung inzwischen politisch verstärkt (Förderprogramme) und, auch aus diesem Grund, medial entsprechend inszeniert. Zukunft ist wieder sexy.

Heimisch geworden ist die Zukunftsforschung – hier speziell die unternehmensbezogene, organisationsinterne Zukunftsforschung (Corporate Foresight) – in der betriebsorientierten Wirtschaftswissenschaft allerdings trotzdem nicht. Die Gründe dafür sind vielschichtig und liegen sowohl im disziplinären Selbstverständnis der Betriebswirtschaftslehre als auch in demjenigen der zukunftsforschenden Disziplin: Beide haben sehr unterschiedliche Schwerpunkte, Methoden und Forschungsziele. Vor allem aber liegt es an nahezu unvereinbaren Wissenschaftskulturen diesseits und jenseits des Atlantiks. Während es immerhin weitgehende Einigkeit über Forschungsinteresse und Objektbereich gibt (methodisch kontrollierte Beforschung von künftigen Handlungs- und Möglichkeitsräumen mit unternehmerischer Relevanz[1]), klaffen die soziokulturellen Haltungen diesem Objektbereich gegenüber weit auseinander. Bei diesen Differen-

---

[1] Generell schließen wir an die Begriffsbestimmung von *Rolf Kreibich* an: „Zukunftsforschung ist die wissenschaftliche Befassung mit möglichen, wünschbaren und wahrscheinlichen Zukunftsentwicklungen und Gestaltungsoptionen sowie deren Voraussetzungen in Vergangenheit und Gegenwart" (*Kreibich* (1995), S. 2814).

zen geht es im Kern um kulturell bedingte Zeitkonzepte, Geschichtsbegriffe und das sich daraus ergebende Planungsverständnis. Um den hier im Zentrum stehenden Foresight-Prozess des Kleinwagens Smart nicht nur zukunftsforscherisch, sondern auch sozioökonomisch – nämlich als Forschungsprojekt innerhalb des deutschen Daimler-Konzerns – einordnen und bewerten zu können, müssen wir einleitend diese Kluft beider Soziokulturen streifen, wenn auch nur kursorisch. Im zweiten Hauptteil steht die Entwicklung des Stadtwagens Smart im Vordergrund. Anschließend ziehen wir im dritten Teil, insbesondere mit Blick auf die unterschiedlichen Forschungskulturen von Betriebswirtschaft und Zukunftsforschung, eine vorläufige Bilanz und geben einen kurzen Ausblick.

Ein wissenschaftliches Bemühen darum, Belange, die zeitlich vor uns liegen (könnten), antizipatorisch in den Blick zu nehmen, bedeutet im Gegensatz zu fast allen anderen Wissenschaftsdisziplinen, im analytischen Verfahren gerade *nicht* den sachlichen oder sozialen Sinn zu privilegieren („was kommt?" beziehungsweise „was wird von wem wie entschieden?"), sondern den zeitlichen – und zwar systematisch. Für den klassischen Managementdiskurs ist das unverständlich; dieser Perspektivwechsel ist erklärungsbedürftig. Was bedeutet das konkret: Die betriebliche Analyse von der Sach- oder Sozialebene auf die Sinndimension Zeit zu verschieben?

Die konsequente Privilegierung von Zeitfragen verbindet die Zukunftsforschung immerhin mit einer altehrwürdigen Wissenschaft, nämlich der historischen. Von ihr unterscheidet sie sich aber auch radikal durch das prinzipiell Nicht-Erkennbare ihres Gegenstandsbereichs. Zukunftsforschung operiert mit und an einem Objekt, das niemals anwesend ist. Nun ist das kein Grund für prinzipielle Einwände gegen dessen Beforschung – denn auch „das Unbewusste", kulturelle Phänomene, bestimmte biologische oder physikalische Prozesse sind immer oder häufig latent, nicht beobachtbar oder basieren auf heuristischen Fiktionen. Im Gegensatz zu diesen etablierten Wissenschaftszweigen fehlen für die Zukunftsforschung jedoch bis heute Konzepte und theoretische Fundamente, die Haltung und Perspektive dieser Disziplin methodisch grundieren und abgrenzen.[2] Das spiegelt den Kern der Schwierigkeit: Es existiert kein kanonisch durchgearbeitetes, wissenschaftlich-institutionalisiertes und dadurch legitimiertes Wissen. Erschwerend hinzu kommt, dass der Grundimpuls dieser forscherischen Haltung gegenüber Problemlagen, die erst künftig auf uns zukommen, dem angelsächsischen Denken entspringt, genauer dem US-amerikanischen Pragmatismus[3]. In dieser das Land seit seiner Gründung prägenden Geisteshaltung wurzelt die berüchtigte, eben pragmatische ‚Hands-on'-Mentalität der Amerikaner; sie stellt den ‚common sense' ins Zentrum (nicht „die" Wahrheit und damit einhergehend elaborierte Theorieansprüche). Die Zukunftsforschung entstammt genau diesem Mindset: Eine Disziplin, die vorliegende Probleme auf eine Weise zu bewältigen sucht, mit der man praktisch *weiterkommt*: voranschreiten, die Entwicklung nach vorn treiben kann – und nicht in erster Linie, um ein vorliegendes, etwa sachliches Problem zu „lösen".

Dieser Aspekt bezeichnet schon genauer das eigentlich Befremdliche an der Zukunftsforschung. Die Zukunftsforschung ist, neben wenigen Denkgebäuden maßgeblich aus den modernen Naturwissenschaften, mit einer der ersten Wissenschaftsbereiche, die konstitutiv auf der Grundannahme von Komplexität beruhen. Daher gilt wissenschaftstheoretisch die Prämisse, dass eine rein

---

[2] Einen wirtschaftswissenschaftlichen Vorschlag dazu unterbreiten *Müller-Friemauth/Kühn* 2017.

[3] Diese geistige Tradition wird in seiner historischen Fundierung und seinen spezifischen Folgen für das Entscheidungsverhalten in der US-Gesellschaft beschrieben, beispielsweise bei *Haller* (2002), S. 35ff.

sachorientierte Problemlösung – wegen prinzipiell möglicher nichtbeabsichtigter Nebenfolgen, unkalkulierbarer Rückkopplungen oder eigendynamischer Dominoeffekte, die in dieser rein sachlichen Eindimensionalität kognitiv nicht kontrollierbar sind – unzulänglich ist (nämlich *unterkomplex*). Der Begriff der Komplexität bezieht sich *nicht* nur auf das unübersichtlicher-Werden sachlich-sozialer Gegebenheiten, sondern auf eine bislang noch recht unklare Verschränkung mit Handlungsbedingungen, welche die Zeit vorgibt. In klassisch-wissenschaftstheoretischer Lesart formuliert: Die Berücksichtigung der Sachdimension von Sinn ist zwar notwendig, aber nicht mehr hinreichend. Die veränderte Zielstellung lautet daher nicht nur Probleme zu lösen, sondern auch Zukunft vorzubereiten, wahrscheinlich zu machen, zu beschleunigen, zu katalysieren, herbeizuführen. Konkret: Die jeweilige Problemlösung muss Zukunft *offenhalten* (Primärfunktion) und quasi *nebenbei* das Problem lösen (Sekundärfunktion).

Die Fluchtlinie dieses Denkens ist also primär eine zeitliche und keine sachliche – wie gesagt auf Basis der Überlegung, dass eine rein sachliche oder soziale Orientierung unter Handlungsbedingungen von hoher Dynamik und Komplexität unterbestimmt ist, *ungewiss*. Zukunftsforscherisches Planen erfordert eine spezifische, existenzielle Offenheit in Entscheidungsprozessen mit hoher Reich- und Tragweite, die sich erst in zeitgenössischen Gesellschaften, in jüngerer Zeit, ab einer bestimmten Dichte an globaler Vernetzung und zuvorderst in Hochtechnologie-Sektoren (hohe Rückkopplungsintensität) zeigt. Wenn mögliche Begleiterscheinungen zukunftsorientierten Handelns in die Entscheidung nicht von vornherein mit einbezogen werden und die Entscheidung mit prägen, so die Überlegung, lassen sich mit herkömmlichen simple-to-use-Entscheidungen zwar Probleme lösen, aber es lässt sich keine Zukunft sichern. Für die Nachbestellung von Büromaterial mag das unproblematisch sein, für Investitionen ins Zukunftsgeschäft aber nicht.

Hier ist nicht der Ort, die erkenntnislogischen Feinheiten dieser Denkoperation auseinanderzufalten. Uns ist der Hinweis wichtig, dass Zukunftsforschung erstens entlang einer langfristigen *Richtung* (Zeit) navigiert, nicht entlang von inhaltlichen *Zielen* (Sache). Und dass Zukunftsforschung zweitens praxisorientiert verfährt und argumentiert, nicht theoriegeleitet. Diese beiden Aspekte trennen Zukunftsforschung und Betriebswirtschaftslehre unvermeidbar und radikal voneinander ab. Damit hängt auch zusammen, dass theoretische Konzepte oder ausgefuchste Modelle in der Zukunftsforschung nicht viel zählen (in der Betriebswirtschaftslehre aber sehr wohl): Sie sind womöglich interessant, aber meist praktisch nur bedingt nützlich. Die pragmatische Grundgestimmtheit der Disziplin, die eine eigene forscherische *Haltung* begründet, ist – auch für das hier in Rede stehende Smart-Projekt – eine zentrale Grundlage, die wir teilen und *anwenden (!)*. Ohne ein Verständnis für das *soziokulturelle* Profil der Zukunftsforschung, vor allem aber über die „vorgreifende" Dominanz von Zukunftsbelangen (USA) gegenüber einer „rückgreifenden" Dominanz von Vergangenheit (Europa), die in Nordamerika überhaupt nur zu einer „Wissenschaft" über Zukunft führen konnte, bleibt diese Art der Forschung unverständlich. Zukunftsforschung ist, überspitzt formuliert, gemäß europäischen, die eigene Identität in der Vergangenheit verortenden Denkens absurd; im Wortsinne: verrückt. Sie verschiebt die Perspektive auf die Welt, indem sie mit Zeit ‚dealt‘, diese bearbeitet – dadurch, dass sie Planungshorizonte nicht, wie gewohnt, aus der Vergangenheit abgeleitet kausalfixierend vereindeutigt, sondern um willen maximal richtungwahrender Problemlösungen gerade umgekehrt vervielfacht. Diese Operation begründet eine neuartige, eigenständige Form von ‚Risikomanagement‘, das mit dem klassischen Verständnis von Risiko aber nichts zu tun hat: Der Fokus wechselt von Risiko auf *Ungewissheit*.

Diese Art „zukunftskontrollierender", antizipatorischer Kognition halten wir für maßstabsetzend: Denn zu einer Bewältigung komplexer Handlungsumfelder durch unilineares, monothetisches Denken gibt es unseres Erachtens keinen Weg zurück. Eine solche Pointierung ist von einiger Bedeutung; denn die Beurteilung von Zukunftsforschung *aus dem europäischen Mindset heraus* führt direkt in einen Paradoxie-Stau. Alle Bearbeitungen, die wissenschaftlich zur Profilklärung von Zukunftsforschung interessant sein mögen (Begrifflichkeit, Methodenverständnis, Wissenschaftsbegriff und so weiter) enden dann in Widersprüchen, Unschärfen, letztlich in nicht vollständig Aufzuklärendem – und damit in unbefriedigenden Ergebnissen, und zwar *zulasten der Zukunftsforschung!* Von der Disziplin sind immer wieder Anläufe unternommen worden, das spezifisch Wissenschaftliche an Zukunftsforschung herauszuarbeiten – mit teilweise desaströsen Resultaten.[4] Der Effekt: Je mehr solche Untersuchungen unternommen werden, desto katastrophaler erscheint die Disziplin. Wie Kollegen aus der psychologischen Sektion in solchen Momenten jedoch gerne formulieren: Dies sagt kaum etwas aus über Zukunftsforschung selbst, aber eine Menge über ihre Analysten.

---

[4] Die Behauptung, dass der zukunftsforscherische Diskurs wissenschaftstheoretisch unzureichend sei, wurde mehrfach zu untermauern versucht (Giro 2008, Schüll 2006 u.a.) und hat sich – zumindest in der deutschsprachigen Zukunftsforschung – inzwischen zu einem Glaubenssatz verfestigt. So sei es „der Zukunftsforschung bislang nicht in ausreichender Weise gelungen (.), nachzuweisen, dass sie einer wissenschaftlichen Vorgehensweise folgt". Wissenschaftliche Zukunftsforschung gilt als „wenig entwickeltes Minderheitenprogramm" (Popp 2012: VI).

Ungewissheit gibt es hier also auf mehreren Ebenen. Nicht nur bearbeitet Zukunftsforschung speziell ungewisse Phänomene und Situationen, sondern dieses Denken ist selbst ungewiss – zumal, wenn es Nicht-Amerikaner bewerten. Zukunftsforschung gilt hierzulande als tendenziell frivol; ein Image, das maßgeblich mit dem soziokulturellen (und unverstandenen) wissenschaftstheoretischen Profil und seiner Herkunft verbunden ist. Es ist denn auch der skizzierte fremdartige Entstehungshintergrund, der uns auf die ritualisierte Definitionsarbeit für unsere zentralen Begriffe („aktueller Forschungsstand") verzichten lässt[5]: Derlei führt unseres Erachtens praktisch nicht weiter. Daher in Kürze:

Unser Fokus liegt auf unternehmenseigener, selbstverantworteter Zukunftsforschung (Corporate Foresight);

- auf der Rekonstruktion eines beispielhaften Projektprozesses (was fand im Zuge der Innovation Smart

---

[5] Der akribischen Feinarbeit von *Gransche* 2015 ist zu verdanken, dass die Kuriositäten der Begriffskultur zeitgenössischer Zukunftsforschung inzwischen offenliegen. Nicht nur wird dabei deutlich, wie sehr der Begriff ‚Corporate Foresight' vom Motiv der Einflussnahme auf Förderprogramme und Forschungsfinanzierung kontaminiert ist (S. 400f). Das inhärente Ziel: „Informieren, Reorientieren, Priorisieren, Bewertungshilfe und Profilierung" (ebd.); ein idealtypisch betriebswirtschaftliches Projekt. Darüberhinaus lohnt auch der Blick in die sogenannte „Namesake-Debatte" der Fachzeitschrift „Futures" (*Sardar* 2010), in der die beeindruckende Palette zukunftsforscherischer Labels diskutiert wurde (Futures, Future Studies, Futurology, Futuristics, Futuribles, Foresight usw.). Nach *Gransches* Sichtung bleibt der Eindruck zurück, dass an semantischer Kreativität und Urteilskriterien kein Mangel herrscht: Jeder hat seine eigenen Begriff.

innerhalb des Daimler-Konzerns zu welchem Zeitpunkt statt; und, falls angebbar, aus welchem Grund?); sowie hauptsächlich

- auf Lernkurven daraus für eine zeitgemäße organisationsinterne Zukunftsforschung.

Neben diesen Learnings interessierte uns zudem aus organisationshistorischer Perspektive die *unternehmerische* Architektur dieser Innovation: Lassen sich im Nachhinein einzelne Phasen identifizieren, Rückschläge oder Hürden, Motivatoren oder unerkannte Erfolge, die den Prozess zurückwarfen oder antrieben? Wie wurden Rückschläge pariert, aus welchen Gründen wurde durchgehalten? Von heute aus ist selbstverständlich nicht alles „objektiv" beurteilbar. Eine strukturgebende, den Roten Faden herausdestillierende Rekonstruktion wie hier vorgeschlagen setzt sich unvermeidlich dem Vorwurf der subjektiv nachjustierten Beschreibung aus. Unseren Blinden Fleck als teilnehmende Beobachter[6] können wir nicht beseitigen; in jedem Fall ist eine geschönte Prozessdarstellung nicht beabsichtigt. Der Versuch, diesen Innovationsprozess als Fallbeispiel für eine erfolgreiche, teilweise aber auch holprige Foresight-Strecke aufzuarbeiten, ist beiden Motiven geschuldet: dem Interesse an der Konzerngeschichte wie am Fortkommen der Zukunftsforschung. Und wegen letzterem ist eine, in Einzelaspekten mitunter vielleicht überdeterminiert erscheinende, Strukturierung der Ereignisse unumgänglich.

---

[6] Beide Verfasser haben die Entstehung des Smart als Mitarbeiterin (*Müller-Friemauth*) bzw. als Leiter der Forschung „Gesellschaft und Technik" (*Minx*) der Daimler AG zwischen 1980 und 2009 miterlebt und waren in unterschiedliche Foresight- und Marktanalyse-Prozesse involviert.

Profil und Image dieser Disziplin gestalten die betriebs-wirtschaftliche Adaption anspruchsvoll. Für Ökonomen ist beispielsweise nicht nachvollziehbar, warum eine pro-fessionelle, präzisionsorientierte Zielplanung suboptimal, manchmal unnötig oder gar nutzlos sein soll. Innerhalb der etablierten ökonomienahen Planungswissenschaft besteht in dieser zumeist aufwändigen Operation gera-dezu der *Kern* von Planung (klassischer Management-Zirkel). Aus betriebswirtschaftlicher Sicht ist zukunftsfor-scherisches Planen daher in erster Linie *selbst* ungewiss; ein methodischer Risikofaktor, den man sich nicht auch noch freiwillig einhandeln sollte. Dieser Umstand erleich-tert nicht gerade die Annäherung – und dies gleich aus mehreren Gründen.

- Die soziale und organisationspolitische Legitimati-onsbasis für zukunftsforscherisches Planen ist dünn. Je weniger Erfahrung und Tradition eine Organisation damit vorzuweisen hat, desto höher ist der interne Begründungsaufwand für Corporate Foresight. „Von selbst", das heißt aus ihrer bloßen Reputation her-aus, rechtfertigt sich Zukunftsforschung nämlich nicht: Das Management von Innovation verfügt über Instrumente, die traditionell naheliegender, ungleich solider beforscht sind und entsprechend höhere Ver-trauensvorschüsse generieren. Befürworter dieser Herangehensweise tragen deshalb zumeist einen vergleichsweise hohen und ungewissen Rechtferti-gungsaufwand (Durchsetzungs- beziehungsweise Macht-Ungewissheit).

- Die disziplinäre Bilanz ist unklar. Aus betriebswirt-schaftswissenschaftlicher Sicht gilt: Bis heute gibt es kaum systematisches Monitoring von Foresight-Prozessen. Wie lange dauern solche Prozesse üblicherweise; wie lange können oder „dürfen" sie dauern, gemessen an Effektivitäts- und Effizienzkriterien? Und welche Maßstäbe legen das fest: die klassischen betriebswirtschaftlichen Routinen oder die letztendlichen Erfolge eines Foresight-affinen Vorgehens? Wovon hängen Zeit- und weiterer Ressourcenaufwand ab? Welche Kompetenzen sind zwingend erforderlich, welche dürfen sich im Laufe des Prozesses entwickeln? Was sind Qualitätsmaßstäbe und Erfolgsfaktoren? Was wäre, stellvertretend zumindest für einen speziellen Markt oder eine spezielle Branche, ein „guter" Foresight-Prozess, was ein „schlechter" – und warum? Selbst die Kriterien für ein professionelles Beobachten und Evaluieren, wie Zukunftsforscher Zukunft überhaupt in den Blick nehmen („Beobachtung von Beobachtung"[7]), sind ungeklärt (Zuverlässigkeits- beziehungsweise Methoden-Ungewissheit). Wir lassen an dieser Stelle außen vor, ob solche – traditionellen, rein sachorientierten – Forschungsfragen einer zeitlich operierenden Disziplin überhaupt angemessen sind. In jedem Fall geben sie Betriebswirtschaftswissenschaftlern erst einmal Anlass zur Distanzierung.

- Der Planungsbegriff selbst ist vielschichtig. Bezogen allein auf Zukunftsforschung: Es gibt viele und unterschiedliche Formen von Zukunftswissen, die eine strategisch angelegte Planung *generieren* können.

---

[7] Vgl. *Luhmann* (1990) S. 68-121.

Manchmal geht es dabei um faktorielles Zukunftswissen (ceteris paribus-Hypothesen, Typisierungen und Kontrastannahmen), manchmal um Kreativität und Fantasie (sich etwas grundlegend Neues ausdenken) oder auch um kognitive Konstruktionen (zum Beispiel *what-if-stories*, hochspezielle Erfindungen) und anderes mehr. Und es gibt viele und unterschiedliche Formen von Urteilsprinzipien, nach denen eine strategisch angelegte Planung *verfahren* kann: Ziel-Modelle (Teleologie), unternehmerisch begründete Setzungen (Dezisionismus), Optimierungsprozesse, Quantifizierungen (Kalkulation und Prognose), qualitative und ganzheitliche Verfahren (Szenarien) und dergleichen mehr (Bewertungs- und Entscheidungs-Ungewissheit).

- Speziell *innovationsbezogenes* Planen wird mitunter radikal infrage gestellt: Bereits der Versuch der Planung ziele ja darauf, das Risiko (!) im Innovationsmanagement zu beherrschen. Dadurch würden ungewisse Projekte oft von vornherein ausgeschlossen (und Ungewissheit mit Risiko fälschlicherweise gleichgesetzt)[8] – gerade solche Projekte führten aber häufig erst zu grundlegenden Neuerungen. Unterstellt wird also ein Zusammenhang von *Risiko*intensität und Innovationsgrad: Je unternehmerisch riskanter die angestrebte Innovation, desto höher die Chance auf etwas wirklich Neues. Manager müssten gerade „Pioniere" sein; „Abenteurer der Wirtschaft,

---

[8] Risiken sind grundsätzlich berechenbar (Prinzip der Versicherung), Ungewissheit ist dies nicht. Zu den Unterschieden vgl. *Kühn/Müller-Friemauth* 2012.

die tollkühn (!) Märkte erobern"[9] und keine Controlling-sozialisierte Planer (Risikominimierungs-Ungewissheit).

- Zukunftsforscherisches Denken gilt schließlich, wie bereits skizziert, auf sachlicher und sozialer Ebene als ungewiss. In den meisten Unternehmen, die Corporate Foresight nutzen, dient es vor allem dazu, Pfadabhängigkeiten und eingefahrene Routinen aufzudecken, Erfolgschancen zu heben (die Möglichkeit des „Muster-Brechens" zu nutzen) und – so zumindest die behauptete Theorie – auch Konflikte nicht zu scheuen, wenn die Passung zu Handlungsweisen, die von kurzfristigen Dringlichkeiten geprägt sind, nicht stimmt (Management- und Führungs-Ungewissheit).

Da Zukunftsforschung ein Sammelbecken all dieser Zugänge ist und zudem oft mehrere Methoden miteinander kombiniert, gilt ‚Zukunftsforschung' als Kofferbegriff und steht für viele Ökonomen nahe zu methodischem Eklektizismus: Zukunftsforscherische Planung erscheint – mangels konzeptioneller Tiefe und Schärfe – als methodisch unpräzise, vage, schwammig, eben mehrdeutig. Solide Forschung sähe anders aus; so scheint es jedenfalls. Sind das nicht unter'm Strich tatsächlich zu viele Ungewissheiten? Lohnt der Aufwand?

Um diese mentalen Diskrepanzen zu entschärfen, wählen wir eine möglichst neutrale Ansatzgrundlage – also weder die Zukunftsforschung noch die Wirtschaftswissenschaft, und ordnen stattdessen Zukunftsforschung, im

---

[9] So beispielhaft *Meyer* (2012).

Sinne einer praktisch gestaltenden Wissenschaft, den *Management Sciences* zu.[10] Auch diese Disziplin verfährt, wie die Zukunftsforschung, dezidiert inter- oder transdisziplinär. Beide dienen der Professionalisierung von in Managementfunktionen tätigen Entscheidern sowie dem Zweck, Fähigkeiten und methodische Kompetenzen der Organisation zu stärken, mit der Zukunft aktiv und gestaltend umzugehen.[11] Diesen Absichten kann sich auch die Betriebswirtschaftslehre ohne weiteres anschließen.

Somit ist der Rahmen definiert, in den wir die Rekonstruktion des vergleichsweise langen und umfangreichen Foresight-Prozesses rund um den Stadtwagen Smart stellen. Wir überprüfen an dem sich zwischen den frühen 1980er und späten 1990er Jahren erstreckenden (Vor-) Entwicklungsprozess innerhalb des Daimler-Konzerns einige in der – vor allem deutschsprachigen – Zukunftsforschung verbreitete, weitgehend unkontroverse Grundannahmen zu Bedingungen, Qualitätsmaßstäben und Erfolgsfaktoren solcher Art des Innovationsmanagements. Die zentrale Fragestellung: Lassen sich aus dem Smart-Projekt, obgleich in nicht-repräsentativer Lesart, methodische Lektionen für eine erfolgversprechende Corporate Foresight ableiten? Und falls ja, bestätigen sie tendenziell die etablierten zukunftsforscherischen Grundannahmen oder konterkarieren sie sie?

Vor dem Hintergrund unserer einleitenden Bemerkungen zu den unterschiedlichen soziokulturellen Frames von pragmatistisch-amerikanischem und europäischem For-

---

[10] Vgl. auch *Göpfert* (2006), S. 9.
[11] Vgl. *Slaughter* (1993), S. 293.

schungsverständnis, von Zukunftsforschung und Betriebswirtschaftslehre wird bereits an wenigen, willkürlich herausgegriffenen Grundannahmen deutlich, dass in zukunftsforscherisch qualifizierten Axiomen zwei Perspektiven miteinander identifiziert, in eins gesetzt werden: Die europäische Perspektive sticht, wie selbstverständlich. Und zwar ohne Thematisierung, begründungslos; also methodisch-reflexiv unkontrolliert. Diesen (europäischen) Typus von Corporate Foresight charakterisiert ein spezielles, apperzeptives Merkmal: *Das betriebswirtschaftliche Mindset dominiert und unterminiert das zukunftsforscherische Erkenntnisinteresse,* das sich aus ganz anderen soziokulturellen Impulsen und Absichten speist.

- Zum Beispiel betriebswirtschaftliche Maßstäbe
  - Klare und präzise Ziele zu Beginn des Prozesses gelten als ausschlaggebend für den Erfolg.
  - „Unrealistische" Erwartungen sind zu vermeiden.
  - Eine im Vergleich etwa zu Europa-, Bundes- oder Landesprojekten kurze Laufzeit, in der Regel wenige Monate, gilt als Norm.[12]
- Zum Beispiel organisationstheoretische Maßstäbe
  - Die innovativen Durchbrüche kämen im Prozess zumeist unerwartet und „von unten" (bottom up). Es ginge darum, kreative und disruptive Irritationen zuzulassen beziehungsweise zu erzeugen.[13]

---

[12] Zahlreiche Hypothesen dieser Art in *Burmeister/Neef/Beyers* (2004).
[13] Etwa *Daheim/Uerz* (2008), S. 332.

- Die Bedeutung von Netzwerken und Allianzen sei heutzutage so groß, dass echte Innovationen von Einzelunternehmen kaum mehr durchsetzbar seien.

- Als zentrale Erfolgsfaktoren gelten generell Ansätze und Methoden, die es ermöglichen, die Umfelder der Organisation mit Blick auf künftigen Wandel zu beobachten. Monitoring, Scanning sowie das Aufspüren von „weak signals"[14], also im weiteren Sinne der Zugang über eine Form der strategischen Früherkennung[15], sind konsensual Voraussetzung für eine erfolgreiche Foresight.

- Es werden Gradunterschiede in der „Intensität" von Zukunft diskutiert und Zukünfte im *schwachen* Sinne (eine Situation ist ungewiss) von Zukünften im *starken* Sinne unterschieden (eine Situation ist unvorstellbar; gedanklich und sprachlich nicht zu erfassen). Wenn man über die Zukunft nachdenke, komme man irgendwann unweigerlich an einen Punkt, an dem man mit absolut Neuem konfrontiert werde. Das sei „schwierig", aber notwendig zu bewältigen. Diesbezügliche Klarheit in der jeweiligen Zielstellung des Foresight-Prozesses beispielsweise gilt daher umso mehr als Erfolgsfaktor.[16]

---

[14] *Ansoff* 1975.

[15] *Liebl* 1996, *Hammer* 1998.

[16] So z.B. *Seidl/Werle* (2011), S. 289; *Pillkahn* (2013), S. 72. Hypothesen dieser Art finden sich durchmischt und häufig in der deutschsprachigen Zukunftsforschung, auch in betriebswirtschaftlicher oder für die Management Sciences aufgearbeiteter Form (z.B. Tiberius 2011, Koch/Sydow 2013). Die bislang wohl umfänglichste Zusammenstellung dieser Axiome bei Gerhold et al. 2015, die den Eurozentrismus, der die hiesige Zukunfts„wissenschaft" bis ins Mark prägt, in vielen konkreten Aspekten spiegelt (Beispiel Wertungspro-

- Für einen idealtypischen Ablauf eines Foresight-Prozess existieren in der Disziplin zumindest grobe Vorstellungen: Zuerst sind Fragestellung und zeitlicher Rahmen abzugrenzen (inklusive Projektstruktur, Verantwortlichkeiten, erwartete Ergebnisse, Rechercheprinzipien). Danach werden spezielle Zukunftsinformationen generiert (breiter Methodenkanon vom Sammeln bis hin zum Bewerten und der Debatte über Widersprüche und strategische Paradoxien; Früherkennung). Zuletzt werden die Informationen gefiltert und so kombiniert, dass, je nach Fragestellung, entweder plausible Zukunftsbilder oder die Konkretisierung eines bestimmten Innovationspro-

---

blematiken / Normativität – Beharren auf „Objektivität"; Beispiel argumentative Schlüssigkeit / Widerspruchsfreiheit – Beharren auf Eindeutigkeit; Beispiel Ziel- und Handlungskonkretion – Beharren beziehungsweise Rückzug auf klassische PDCA-Elemente des Management-Zirkels; Beispiel Qualität der verwendeten Daten und Methoden – Beharren auf Maßstäben ausschließlich in der Sachdimension, und so weiter). Auffällig ist die „Beraterperspektive" dieser Deskription: Fast immer geht es um Risikovermeidung in Bezug auf Stellhebel und Vorgehensweisen in Foresight-Prozessen, *die von Manager-(das heißt Auftraggeber-) Seite aus zum Vorwurf gereichen könnten.* Vermeide man diese, steige die Erfolgswahrscheinlichkeit des Prozesses. – Das dürfte stimmen; es fragt sich bloß, was dieser Zusammenhang mit wissenschaftlicher Zukunftsforschung zu tun haben soll. Mit dieser Perspektive übernimmt man unbewusst die Maßstäbe der Auftraggeber – und das sind mehrheitlich: Betriebswirte. Diese Art von Zukunfts„forschung" ruiniert nicht nur die Disziplin, sondern inhaltlich auch ihr ureigenes Erkenntnisinteresse: Man überformt eine wissenschaftliche Planungs-*Alternative* zur konventionellen Ökonomie, die Zukunftsforschung anzubieten beansprucht, unreflektiert erneut mit genau deren, also den alten, konventionellen Grundannahmen. Der psychologische Sekundärgewinn dabei: Das eigene Mindset kann wieder einrasten. So wird *in Europa* Anschlussfähigkeit von Zukunftsforschung an die Ökonomie hergestellt: durch Vereinnahmung. Man erobert durch solche Art von „Wissenschaft" eine vertraute *Sicherheit* zurück – und das beruhigende Gefühl, in bekannten Gewässern zu segeln.

jekts herauskommen.[17] Die Orientierung am klassischen Management-Zirkel (Plan – Do – Check – Act) ist offensichtlich; auch für zukunftsforscherische Planungsprozesse wird er, wenn auch abgewandelt, vorausgesetzt.

Um nicht missverstanden zu werden: Selbstverständlich können diese lediglich beispielhaften Hypothesen über das hierzulande dominierende Mindset von Zukunftsforschung nicht generell, nicht repräsentativ bewertet werden – wir überprüfen solche Grundannahmen hier ausschließlich *am Fall*. Uns dienen sie zunächst rein heuristisch als Denk- und Suchspuren, zur Hypothesenbildung. Gleichzeitig gilt aber auch: Der Entwicklungsprozess des Smart ist nicht irgendeine Innovation, die mit Corporate Foresight erfolgreich wurde. Er war einer der wenigen und ersten Versuche, eine radikale Innovation *via* antizipatorischer Setzung (unternehmensinterne, gewollte und freiwillige Dezision) aus einem Einzelunternehmen heraus in internationalen Märkten zu implementieren und erfolgreich zu machen. Rückblickend ist zu bilanzieren, dass dies gelungen ist; allerdings lohnt ein Blick auf die

---

[17] Es gibt mittlerweile eine Fülle von scheinbaren „Case Studies", die Corporate Foresight insbesondere in Konzernen praxisorientiert darstellen; etwa in *Burmeister/Neef/Beyers* (2004) und *Popp/Zweck* (2013). Solche Strukturen findet man nahezu immer; eine idealtypische Prozessbeschreibung z.B. bei *Pillkahn* (2013), S. 70f. Diese „Case-Studies" sind jedoch maßgeblich How-To-Darstellungen: Dort werden keine Fälle analysiert, sondern unternehmensbezogen die jeweiligen Logiken und intraorganisatorischen Implementierungsweisen beschrieben, in denen sich Corporate Foresight vollzieht. Fallanalysen analog der hiesigen kritisch-evaluierenden Prozess-Rekonstruktion sind uns nicht bekannt.

Details. Erfolgsgeschichten erzählen sich immer erst vom Ende her – wo Licht ist, sind auch immer Schatten.

2. Das Beispiel Smart
Zukunftsforschung über urbane Mobilität

Der Smart ist heute Teil des alltäglichen Mobilitätsge-schehens in vielen Großstädten der Welt. Wie kam es zu dieser Fahrzeug- und später mit „car2go" einzigartigen Mobilitätsrevolution?

2.1 Entstehung des Konzepts

Kleine Autos, sogenannte Kleinstwagen, existieren seit dem Beginn einer sich gesellschaftlich verbreiternden Automobilität ("zweite Welle"). In den Anfängen dieser Phase der Automobilgeschichte steht hierfür z.b. der Hanomag 2/10 PS (1924-28) mit 1-Zylinder-Motor, im deutschen Volksmund „Kommissbrot" genannt. Zu dieser Zeit baute man große Wagen in kleinstem Maßstab nach[18]. Als Produkt von Wirtschaftskrise und Nachkriegs-zeit, aber auch noch zu Beginn des sogenannten Wirt-schaftswunders, tauchten kleine Automobile in Form von zum Beispiel BMW Isetta (1953-1962) oder Fend / Mes-serschmitt Kabinenroller KR 175 bzw. 200/201 und FMR Tiger (1953-1962) in einer „dritten Welle"[19] wieder am Automobilmarkt auf. Keines dieser Fahrzeuge wurde jemals auf eine spezielle Mobilitätsanforderung hin, wie etwa den Stadtverkehr, konzipiert. Es handelte sich um

---

[18] Vgl. *Frankenberg/Matteucci* (1973/1988).
[19] *Frankenberg/Matteucci* (1973/1988) S. 357-364.

kleine – kostengünstige – Automobile für jeden Mobilitätszweck.

Erst mit dem Smart änderte sich dieses. Zwar hatte Ford schon 1968 einen mit elektrischem Heckmotor angetrieben Prototypen mit der Bezeichnung „Berliner" entwickelt, aber über dieses Prototypenstadium kam man nicht hinaus[20]. Mit Beginn der 1970er Jahre wurde bei Mercedes-Benz konzeptionell über ein „Auto der Zukunft" nachgedacht. Erste Überlegungen sind verbunden mit *Johann Tomforde*, Mercedes-Benz Studio-Ingenieur und Typenbegleiter für das Gebiet „Zukünftige Verkehrssysteme", der die Notwendigkeit sah, alle traditionellen Vorstellungen von Automobilen auf den Prüfstand zu stellen[21]. Schon in den ersten Skizzen und in dem sich anschließenden Konzeptentwurf eines „ultrakompakten Zweisitzer mit Heckmotor" (1972) bis hin zum sog. „Nahverkehrsfahrzeug" (NAFA oder auch „Vesperwägele", 1981) sind die später realisierten Grundideen formuliert: Zwei Sitze, Heckmotor, Länge max. 2,50 m und doppelter Boden. Bis zur Weltpremiere des „smart city coupé" im Jahre 1997 (später umbenannt in „smart fortwo – Fahrspaß für zwei", 2003) auf der Internationalen Automobilausstellung in Frankfurt (IAA) sollten noch 25 bewegte Jahre vergehen, die von Entwicklungshürden und ungewöhnlichen Partnerschaften, aber auch, gerade was die Problematik der technologischen Sicherheitseinrichtungen betrifft, herausragenden Innovationsideen und

---

[20] Vgl. smartpit.de 2012/1: 1.
[21] Vgl. Daimler AG (2008).

schlussendlich der Kreation eines neuen Automobil-
marktsegmentes gekennzeichnet waren.

Soweit die Geschichte des Smart in Kürze – die eine der
radikalen Automobil- sowie Mobilitätsinnovationen dar-
stellt. Die nachfolgende Betrachtung soll drei spezielle
Gesichtspunkte der Entwicklung dieses ungewöhnlichen
Konzeptes eingehender beleuchten:

- Was kennzeichnet rückblickend die *Genese* des Produktes Smart?
- Lässt sich ein *eigenes Zeitkonzept* diagnostizieren
  oder nachweisen? Wie ging der Konzern mit Horizon-
  ten und Fristigkeiten um?
- Welche zeitaktuellen *Annahmen*, etwa bezüglich
  firmeninterner Erfahrungen und Fähigkeiten, und
  welche *Entwicklungshypothesen* begleiteten die Pro-
  tagonisten / Entscheider?

Drei Phasen sind zu unterscheiden:

Phase 1: Erste Konzeptideen und NAFA (70-80er Jahre)

Phase 2: Designkonzept „Micro Compact Car" (1991) und
Launch (1998)

Phase 3: „Nutzen statt Besitzen": Erweiterung zum Mobilitätskonzept „car2go" (ab 2008).

Phase 1: Erste Konzeptideen und NAFA

In den 1970er Jahren wurden weitreichende Diskussionen über wahrgenommene gesellschaftliche Mängel angestoßen. Auslöser beziehungsweise Treiber für Umweltfragestellungen waren die als „Ölkrisen" (1973 und 1979/80) bezeichneten Rohölpreiserhöhungen, aber auch eine generelle Politisierung der Gesellschaft[22]. Im Umweltdiskurs entwickelten sich vier Schwerpunktthemen:

- die Unwirtlichkeit der Städte
- die Vergiftung der Luft
- die Verschwendung der Energie
- die Zersiedlung der Landschaft.

Generell rückten Umweltfragen – auch bedingt durch zum Beispiel die Seveso-Katastrophe (1976) – an die vordersten Stellen der politischen Agenda[23]. Sie führten in der Automobilindustrie u.a. zu der Frage nach technischen Möglichkeiten ihrer Behebung[24]. In der Spezialisie-

---

[22] Auslöser waren etwa: Neue Ostpolitik 1970; Thema Frauenrechte 1971; RAF-Terror im „Deutschen Herbst" 1977; neue weltpolitische Krisenherde wie Iran und Afghanistan 1979; wie auch massentaugliche Computer 1977 / Apple II.

[23] Dies manifestierte sich auch in der Gründung der Partei „Die Grünen" (1980).

[24] Vgl. den Grundsatzartikel des damaligen Direktors der Daimler-Benz-Forschung *Förster* (1983), S.64, 66. In diesem Artikel sind die wesentlichen Pfade der durch Technik bestimmten Mobilitätsentwicklung vorgedacht: Moderne Informationstechnik sowohl als Verbesserung der Fahrzeugfunktion wie auch zur Entlastung des Fahrers, Fragen der Verkehrsführung inner- und außerorts, Parkflächennutzung bis hin zur automatischen Fahrzeugführung (autonomes Fahren).

rung der Fahrzeuge vor dem Hintergrund von Bedarfsanalysen, sah man eine zentrale Option für Lösungsmöglichkeiten. So formulierte der damalige Direktor der Forschung, *Prof. Dr. Hans-Joachim Förster* (1983):

> „Weit mehr als die Hälfte des Nahverkehrs mit PKW dient den Fahrtzwecken Beruf, Ausbildung, Geschäft und Einkauf. Beim Fernverkehr entfallen 82% auf die Fahrtzwecke Freizeit und Urlaub und davon der größte Teil wieder per PKW. Diese Bedarfsanalyse legt die Spezialisierung von Fahrzeugen für den Nahverkehr und für die Freizeit nahe. Merkmale des Nahverkehrs sind geringer Besetzungsgrad von 1,2 Personen, Fahrgeschwindigkeit kaum über 100 km/h und mäßiger Anspruch an Gepäckraum. Einem Nahverkehrswagen können dann spezielle Eigenschaften gegeben werden, die ihn für die Benutzung im Nahverkehr besonders geeignet machen. Nahverkehr bedeutet in der Regel häufiges Ein- und Aussteigen, Schwierigkeiten mit dem Parkplatz, hoher Anspruch an Manövrierfähigkeit."[25]

Damit waren die technisch-gesellschaftlichen Anforderungen definiert. Schon zu diesem Zeitpunkt dachte man auch an die Variante „Elektrofahrzeug", wie auch an die dafür notwendigen Anforderungen einer entsprechen-

---

[25] a.a.O., S. 72. Der komplementär dazu gedachte „Familienwagen" für Reise- und Freizeitverkehre ist wie zu diesem Zeitpunkt gedacht nur eingeschränkt weiterverfolgt worden.

den Infrastruktur[26]. Zwar scheiterte im ersten Anlauf das visionäre Kleinwagenkonzept (NAFA, 1981) an den hohen Mercedes-spezifischen Crash-Sicherheitsanforderungen, was die Entwicklung verzögerte, aber den Fortgang nicht verhinderte. Selbst wenn parallel realisierte „Marktumfragen auf eine geringe Resonanz für ein solches Kompaktmobil schließen" (ließen)[27]. Die Analysten folgerten daraus, dass „die automobile Nachfrage (...) sich vielmehr auf große und leistungsstarke Automobile konzentrieren"[28] werde. Und in der Tat bewahrheitete sich diese Hypothese im realen Verkaufsgeschehen. Zumindest galt dies für die 1980er Jahre.

Es dauerte noch mehr als 10 Jahre bis erste Prototypen – „Eco Sprinter" und „Eco Speedster" nach Designentwürfen des Advanced Design Studios Irvine, Kalifornien – offiziell vorgestellt wurden (1994). Die in diesen Prototypen realisierten Abmessungen, das Innenraumkonzept (versetzter Beifahrersitz, asymmetrische Armaturenträger), die Sicherheitseinrichtung (Tridion-Sicherheitszelle) sowie das Motor- und Antriebskonzept, wurden in den späteren Seriensmart übernommen. Gleichzeitig wurde mit der Planung (1993) eines neuartigen Fahrzeugkonzeptes und damit eines neuen Segments „Micro Compact Car"[29] begonnen.

---

[26] Ders: a.a.O., S. 73.
[27] Vgl. *Jordan* (2013) S. 4.
[28] Ders. a.a.O.
[29] Vgl. smartpit.de 2012/1, a.a.O.

Fazit Phase 1

Rückblickend fallen drei Aspekte besonders auf:

1. Die Thematik „Mobilitätssicherung in urbanen Regionen"[30] wurde frühzeitig als relevante Herausforderung wahrgenommen und als Aufgabe vorangetrieben: Eine Problemlage wird antizipiert und als unternehmerische Herausforderung definiert. Das Unternehmen trifft also freiwillig eine Grundsatzentscheidung auf Basis einer eigenen, organisationsspezifischen Bewertung des Umfeldes: Für eine neuartige Problemlage (Entwicklung des urbanen Verkehrs) braucht es eine neue Fahrzeug-Lösung. Diese quasi subjektive Bewertung ist der zentrale Handlungsimpuls. Er hat die Qualität einer *Überzeugung,* welche die Organisation beziehungsweise diesen Prozess langfristig trägt.

2. Die Zeithorizonte, die im damaligen Automobilbau bei etwa einer Fahrzeugentwicklerphase lagen, wurden im Projekt „NAFA" weitaus länger geplant. Die Radikalität des Ansatzes wird deutlich, wenn man mit den Augen des damaligen Mercedes-Kunden, also den S- und E-Klasse-Käufern, auf dieses Konzept schaut. Sie wird noch deutlicher, wenn man die heutigen Fristigkeitserwartungen an Foresight-Projekte berücksichtigt. Die Entscheidung, die im Konzern bezüglich des Zeitkonzepts für das Smart-Projekt getroffen wurde, war damals und ist heute noch mehr:

---

[30] *Johann Tomforde* sagte schon 1972 einen „grundlegenden Wandel der individuellen Mobilität in Ballungsräumen voraus", mit dem man kalkulieren müsse. Vgl. *Jordan* (2013) S. 3.

ungewöhnlich und kontra-intuitiv. Auch hierfür gilt: Man war von der eigenen Entscheidung überzeugt.

3. Zudem stellte die Vision „NAFA-Stadtfahrzeug" einen expliziten „Pfadbruch" der damaligen Unternehmensphilosophie dar. Zwar sprach man noch nicht von einem bevorstehenden „Urban-Age", aber die Folgen von Ölpreisschock, zeitweiligen Fahrverboten, angedrohten oder schon geplanten Zugangsbeschränkungen für Städte definierten neuartige Anforderungen an zukünftige Mobilitätsträger in Ballungsräumen. Der Konzern fällte die Entscheidung, Mobilitätsbedarfe ab sofort auch nach anderen, neuartigen, maßgeblich gesellschaftlichen Kriterien zu bewerten.

Am Anfang des Smart-Prozesses stand also eine Justierung der unternehmensinternen Umfeldbewertung: eine *Neu*-Justierung. Die damit einhergehende Ausdehnung der Visionsfelder wurde prominent in der Phase 2 diskutiert und vorangetrieben. Langfristige Optionen wurden in radikalen Fahrzeug- bzw. Mobilitätskonzepten gesehen.

Phase 2: Designkonzept „Micro Compact Car" (1991) und Launch (1998)

Zwei zu unterscheidende Ereignisketten bestimmten die zweite Phase bis zum Launch des „smart city coupé" anlässlich des Genfer Automobilsalons 1998[31]. Zum einen handelte es sich um neue regulative staatliche Maßnah-

---

[31] Die Weltpremiere fand ein Jahr früher auf der IAA in Frankfurt statt (1997).

men und zum anderen in deren Konsequenz forcierte Aktivitäten für einen Stadt-affinen Individualverkehr seitens der Automobilhersteller.

Während in den 1970er Jahren Fragen der Ölpreisentwicklung sowie der Versorgungssicherheit im Mittelpunkt standen, schafften es in den ausgehenden 1980er und beginnenden 1990er Jahre Fragen der globalen wie auch lokalen Umweltsituation, auf die gesellschaftlichen Agenden zu kommen. Hierbei handelte es sich wesentlich um Problematiken wie Smog bzw. starke Luftverunreinigung in Städten. Dies erzeugte erheblichen Handlungsdruck sowohl im politischen als auch im unternehmerischen Umfeld. Begriffe wie „Zero Emission" und „Umweltzonen" wurden zu weltweiten Schlagworten. Das „California Air Resources Board" (CARB) trat 1990 mit dem Clean Air Act als Vorreiter für derartige gesetzliche Regelungen in Bezug auf Emissionsfragen im Mobilitätssektor in Erscheinung. So sollten bis 1998 mindestens zwei Prozent und bis zum Jahr 2003 mindestens zehn Prozent der neu zugelassenen Fahrzeuge in Kalifornien emissionsfrei, eben Zero Emission-Fahrzeuge sein. In anderen Ländern, wie z.B. Italien, wurden Sperrungen von historischen Innenstädten für Fahrzeuge mit Verbrennungsmotor eingeführt. Und auch in einer Vielzahl anderer Länder und Gemeinden Europas wurden daraufhin Umweltzonen – man spricht mittlerweile von über 300 – ausgewiesen oder projektiert.

Zwar herrscht bis heute kein Konsens über die Angemessenheit dieser Maßnahmen, aber ohne Zweifel beförderten diese Eingriffe eine konsequente Fortsetzung der angestoßenen Entwicklungen im Fahrzeugbereich. Im

Falle NAFA in zwei Richtungen: Zum einen die Umrüstung des NAFA auf Elektroantrieb, was aber aufgrund technischer Unzulänglichkeiten der Speicherkapazität nicht bis zu einem Pilotprojekt fortgeführt wurde. Zum anderen wurde mit dem Label „Mercedes City Car" (MCC) unter der Leitung von *Johann Tomforde* ein mikrokompakter Zweisitzer mit Laderaum entwickelt. Bei diesem gelingt auch der Nachweis der hausinternen Sicherheitsanforderungen durch eine hoch innovative Sicherheitskonstruktion (Tridion Sicherheitszelle).

Die technischen Voraussetzungen für ein wirkliches Stadtfahrzeug waren damit geschaffen, aber die Frage, ob man sich mit so einem Produkt an den Markt trauen kann und / oder aus Markengesichtspunkten überhaupt darf, war damit nicht beantwortet. Ob Zufall oder geplant, ein Kontakt, den Tomforde schon 1992 zum damaligen Vorstandsvorsitzenden des swatch-Konzerns (SMH), *Nicolas Hayek*, aufgenommen hatte, erwies sich als hilfreich. Hayek hatte 1989 verlautbart, dass er ein kostengünstiges Mikrokompaktfahrzeug (swatch-Mobil) mit Elektro- oder Hybridantrieb lancieren wolle. Der erste Versuch mit VW, dies zu realisieren, schlug fehl, und so entwickelte man ein Joint-Venture mit Mercedes, die „Micro Compact Car AG"[32]. Hier wurde eine eigene Marke „smart" (**s**watch + **m**ercedes + **art**[33]) „unabhängig" von der Mercedes Formensprache ins Leben gerufen. So

---

[32] Die Namensgebung wechselte von der „Mercedes City Car" über die „Micro Car Company" zur „Micro Compact Car AG" (immer MCC), deren Anteile *Hayek* 1998 an Mercedes verkaufte. Seit 2007 ist smart wieder vollständig in die Daimler AG integriert.

[33] Vgl. smartpit.de 2012/1, S. 8.

konnte trotz Bedenken 1994 die Entwicklung des Seriensmart in seiner radikalen Grundstruktur beginnen[34].

Fazit Phase 2

Hier sind zwei Erkenntnisse zu vermerken:

1. Trotz argumentativem Gegenwind durch parallel
laufende Marktanalysen, blieb die Aufmerksamkeit
und Berücksichtigung für die eher subkutan und
schleichend verlaufenden Umfeldveränderungen er-
halten. Die organisationsinterne Überzeugung und
Grundhaltung ließ sich bemerkenswerterweise nicht
empirisch irritieren. Erklärbar ist das allein aus einer
grundlegenden unternehmerischen Entscheidung
heraus: Der Konzern *wollte* Umwelt-Sensitivität praktisch umsetzen und beweisen. Die Beobachtungen
und Analysen der Mobilitätswelt erwiesen sich dafür
intern als ein Motor des Projektfortgangs: Die sich
andeutende Langfristigkeit umweltpolitischer Veränderungen bestärkte eher die Promotoren des radikalen Konzeptes, obwohl genau diese Langfristigkeit –
gemessen an klassischen betriebswirtschaftlichen
Planungs- und Steuerungskriterien – eigentlich kein
tragfähiges Fundament für gegenwärtiges Handeln
abgab. Selbst „abzweigende" Entwicklungen, wie die
aus dem NAFA hervorgehende erste Studie der späteren A-Klasse (gezeigt als Studie A 1994), ließen sich

---

[34] Ein paneuropäisches Auto mit Standorten in Hambach (Produktion, Frank-
reich), Unternehmenssitz in Biel (Schweiz) und Renningen (Entwicklung,
Deutschland).

im Sinne der eigenen Zwecke in Beziehung setzen zu den detektierten Veränderungen im Umfeld der Mobilität – die Forschungsergebnisse bereicherten also sogar andere Unternehmensbereiche.

2. Trotz dieser permanenten Kommunikation zwischen technischer Entwicklung und gesellschaftlicher Umfeldanalyse, konnten nicht alle Ideen davon profitieren. Auch dann nicht, wenn sie einen technisch hoch innovativen Charakter aufwiesen, wie z.b. das Mercedes Benz „Vario Research Car" (1995). Die Vorstellung, dass die swatch-Idee schnell wechselbarer Uhren auch auf Fahrzeugkonzepte zu übertragen sei, hat sich weder beim „smart" (Bodypanels) noch beim „Vario Research Car" (umrüstbare Aufbauten) durchgesetzt. Die Hintergrundfolie einer individualisierten Welt, die auch eine der detektierten Umfeldveränderungen ausmachte, wurde aus sehr unterschiedlichen Gründen zu nicht mehr als der Idee möglicher Produktinnovationen.

Dagegen hat sich das schon in den 1970er und erst recht 1980er Jahren diskutierte Prinzip „Nutzen statt Besitzen" als Geschäftsmodell in Phase 3 des Smart realisiert.

Phase 3: „Nutzen statt Besitzen" –
Erweiterung zum Mobilitätskonzept „car2go"

Mit der Markteinführung des Smart wurden innovative Antworten auf die im Umweltdiskurs behandelten Fragen gegeben. Diese Antworten zielten weniger auf Veränderungen *im* bestehenden Mobilitätssystem mittels z.b. technischer Lösungen zur Verbrauchsminimierung bei Motorenkonzepten ab, sondern vielmehr veränderten bzw. ergänzten sie das klassische System durch zwei Maßnahmenpakete (Veränderungen *am* System):

1. durch „Downsizing" als Instrument der Reduzierung von Ressourcen, Emissionen und des Flächenverbrauchs (u.a. Parkraum);
2. durch die Schaffung am Fahrtzweck orientierter Mobilitätsträger für urbane Regionen[35].

Im Entwicklungsprozess wurden also Antizipationen gesellschaftlicher Mobilität entworfen, die als solche wiederum als *Urteilsmaßstäbe für die geplante Innovation* dienten: Der Foresight-Prozess veränderte zuerst die Perspektive auf das relevante Umfeld und dann auf die geplante Innovation selbst. Was im Nachhinein interessant erscheint: Das funktionierte eben nur oder maßgeblich mit Blick auf sozialpolitische oder ökologische Antizipationen, aber nicht mit Blick auf „klassische", zum Beispiel kundenorientierte Kriterien und Marktforschungen (etwa für die bereits erwähnten Produkt-Individualisierungen, die im Gespräch waren). Überlegungen, die der *eigenen* Foresight-Grundlogik entsprangen und sich auf den Anfangsimpuls bezogen, um dessen willen man den gesamten Prozess überhaupt begonnen hatte, „zogen", wirkten, überzeugten. Andere, flankierende Überlegungen etwa marketingstrategischer oder klassisch innovationsgetriebener Art zogen deutlich seltener oder gar nicht. Wir können und mögen das nicht näher bewerten; zumindest scheint es aber so, als dass dieser Prozess in

---

[35] 15 Jahre nach dem Marktstart ist auch der smart fortwo electric drive eingeführt.

gewissem Sinne einer Eigenlogik, genauer: einem Eigen-*sinn* folgte. Thema war dieses Phänomen unseres Wissens aber nicht.

Damit ist jedoch erst ein Teil der möglichen Veränderungen – konkret: Wertschöpfungskette – angesprochen. Denn weiterhin stand die Hardware im Vordergrund. Mit der Ergänzung durch spezielle Dienstleistungen und Geschäftsmodelle ließ sich das Mobilitätsangebot erheblich erweitern; so schon die Überlegungen in Phase 1 der 1980er Jahre. Die Voraussetzungen und Vorarbeiten wurden ebenfalls in den 1980er Jahren geleistet: „Nutzen statt Besitzen" lautete das damalige Zauberwort.

Ein solches Projekt startete 2008 mit der Pilotphase von „car2go" in Ulm, welches mittlerweile in einer Reihe von Städten in Europa, USA und Kanada am Markt eingeführt ist. „Car2go" ist die bisher letzte Evolutionsstufe eines lange existierenden Gedankens des „Teilens"[36]. In den 1980er Jahren in der Schweiz, den Niederlanden und Deutschland als ökologisch engagierte Non-Profit-Organisationen in Firmen wie „StattAuto" (1988) gestartet, nach dem Mauerfall expandierend, aber erst jenseits von 2000 mit zweistelligen Wachstumsraten für die breite Öffentlichkeit als Geschäftsmodell sichtbar, entwickelte sich das „sharing" von Autos durch sog. „Free-Floating-

---

[36] Car-Sharing wurde 1984 von einer „Selbstfahrgemeinschaft" in Zürich kreiert. Das Konzept „wurde von Leuten erfunden, die es idiotisch fanden, dass Menschen Autos besitzen, die 23 Stunden am Tag herum stehen, knappe Parkplätze in der Stadt blockieren und dabei ständig Kosten produzieren", *Götz* (2013).

Anbieter"[37] zu einem Markt professionell gemanagter Mobilitätsangebote.

Diese Entwicklung blieb bei Automobilherstellern (OEM) schon in den 1980er Jahren nicht unbeobachtet, verhieß dies gleichermaßen Bedrohung (vermiedene Käufe) wie auch Chance (neuer Mobilitätsmarkt). In der Erschließung neuer Geschäftsfelder sah man zudem die Einlösung des Anspruchs, als Systemanbieter agieren zu können. Fundierung fanden diese Überlegungen in Analysen, die darauf hindeuteten, dass Nutzeranforderungen wie auch das Mobilitätsverhalten, die Einstellung zu Autos generell, die Wahl geeigneter Verkehrsmittel und damit auch Eigentumsaspekte zukünftig erheblichen Wandlungstendenzen unterworfen sein könnten. Einige der Hypothesen haben sich mit Blick auf die damaligen Vorstellungen bestätigt – wenn auch viel später als erwartet –, etwa mit Blick auf die Nutzungsprofile besonders jüngerer Generationen in Städten. Am Gesamtverkehrsvolumen haben diese allerdings erst einen Anteil im einstelligen Prozentbereich. Der neue Pfad ist gerade in seinem ersten Abschnitt entwickelt und beschritten, aber die Umrisse einer wirklich neuen Mobilität in den Städten ist damit erkennbar. Hier bestätigt sich einmal mehr die

---

[37] Es gibt keine festen Stellplätze, Fahrzeuge stehen verstreut in Städten und werden von Nutzern *via* App. geortet und sind auch für „One-Way-Fahrten" zu mieten. Eine neue Entwicklungsstufe besteht darin, dass dieses Modell jetzt auch auf Fahrten zwischen Städten ausgedehnt wird („car2go black"), dann allerdings wieder mit festen Mietstandorten. Ein weiterer schon sichtbarer Entwicklungsschritt besteht in der Nutzung unterschiedlicher Verkehrsträger, sog. Intermodalität. Wer hier die Integrationsleistung organisiert, wird wieder einen neuen Verkehrsmarkt begründen, der IV mit ÖPNV kombiniert.

häufig zitierte Erkenntnis[38], dass Zukunftsforschung wirkmächtig und effektiv ist im Vorwegnehmen neuartiger Einstellungen, Deutungsmuster und auch Verhaltensweisen, das heißt qualitativen Wandels, aber unterdurchschnittlich gut darin, Zeitpunkte, präzise Schwellen, Umschlagpunkte sowie quantitative Ausmaße von Veränderungen abzuschätzen.

Fazit Phase 3

Drei Erkenntnisse lassen sich festhalten:

1. Die Fortentwicklung vom reinen Automobilproduzenten zum Mobilitätsanbieter wurde mit der Einführung von „car2go" begonnen und damit ein im Kern nichttechnischer Entwicklungspfad in der Organisation etabliert. Dies eröffnete ein *Handlungsfeld grundlegend neuer strategischer Orientierung*. Im Nachhinein lässt sich das lesen als eine organisationale Evolution, die sich aus dem steten Weitertreiben des Ursprungsimpulses des Foresight-Prozesses speiste; genauer: die sich daraus geradezu unabsichtlich ergab. Soll heißen: Hier hat niemand „strategisch ein neues Geschäftsfeld angesteuert" (auch wenn Erfolgs-Storylines in Unternehmen zumeist in genau dieser Art konstruiert werden). Viel eher ähnelt der hier vorliegende Mechanismus einer Münchhausen-Logik: Die Organisation zieht sich an ihrer eigenen antizipatorischen Dezision immer weiter in eine Richtung, die an irgendeinem Punkt „umkippt" in Markt-

---

[38] Prominent bei de Geus 1998, S. 93f.

chancen, neuartige Optionen, strategische Shifts. Es ist schwer, diese Logik oder Rationalität näher zu erfassen, aber es *ist* eine Logik, und sie ist *rational* (wenn auch natürlich nicht im betriebswirtschaftlichen Sinne).

2. Mit dem Konzept des „Free-Floating-Anbieters" hat man als Pionier begonnen, und ein neues Marktsegment für Car-Sharing-Angebote kreiert, welches aus heutiger Perspektive auch zum passenden Zeitpunkt geschah.

3. Da die entwickelten Geschäftsmodelle in enger Abhängigkeit von informationstechnischen Entwicklungen stehen, wobei Perspektiven und Anwendungspotential letzterer mit hoher Unsicherheit verbunden sind, erweist sich das bisherige experimentelle Vorgehen offensichtlich als gut abgestimmt mit den notwendigen Kooperationspartnern. Im Bereich der Etablierung elektrotechnischer Infrastruktur musste man allerdings gegenteilige Erfahrungen machen.

Was bedeuten diese Prozessschritte für die Frage nach der Rolle und Bedeutung von Foresight im Themenfeld Smart? Die beschriebenen Meilensteine der Smart-Story geben nur ein grobes Bild der überaus abwechslungsreichen Entstehungsgeschichte dieser Innovation wieder. Die vielfältigen *ups* und *downs* gerade in der Phase um und nach der Markteinführung lassen Raum für im Zeitverlauf sehr unterschiedliche Einschätzungen dieses Projektes hinsichtlich seiner Risiken und Chancen. Auch kann hier nicht die Geschichte hinter der Geschichte, die der jeweiligen Entscheidungsträger und ihrer Motivation, geschildert werden: Wir können im Nachhinein nicht rekonstruieren, wie die Resultate einzelner Meilensteine Eingang in nächste Entscheidungen gefunden haben. Nur an den offiziellen Daten und Meilensteinen selbst können wir uns orientieren.

Radikale Innovationen im Automobilsektor sind ein seltenes Phänomen. Der Smart ist zweifelsohne eines dieser seltenen Innovationsereignisse, das sich deutlich von der in der Automobilindustrie gängigen evolutionären und modular konzipierten Fortentwicklung unterscheidet. Außerdem ist es neben politisch motivierten Überlegungen hinsichtlich Umweltbilanz und Flottenverbrauch auch eine „normative Innovation": ein Statement für urbane, nachhaltige Mobilität der Marke Mercedes[39],

---

[39] Diesen Anspruch formulierte der damalige Entwicklungsvorstand Prof. *Werner Breitschwerdt* schon 1979 im Geleitwort zum ersten Seminar der neu gegründeten „Forschungsgruppe Berlin": „Da nichts darauf hindeutet, dass

eine unternehmerische Setzung, *die aus dem internen Zukunftsforschungsbereich stammt.* Vor diesem Hintergrund kann man zunächst festhalten, dass die Foresight-Aktivitäten in den 1980er und 90er Jahren valide Signale mit hoher Zukunftsrelevanz lieferten, die wiederum die Voraussetzungen für die unternehmensstrategischen Entscheidungen schufen, um es dann „so" zu machen. Und dies, obwohl „Kinderkrankheiten", generelle technische Hürden (Sicherheitsfragen) und die Einschätzung des Produktes hinsichtlich seiner Passung zum Markenbild immer wieder den Fortgang in Frage stellten.

Ein solches Fazit ist naheliegend. Es spiegelt genau das, was Zukunftsforschung – hier: ein Corporate Foresight-Prozess – in betriebswirtschaftlicher Perspektive bis heute ohnehin nur ist: Eine „Zubringerwissenschaft" (O. Flechtheim) für letzten Endes *betriebswirtschaftliches* Entscheiden. Oben auf dem Treppchen stünde also die Betriebswirtschaft (disziplinäre Präferenz), und eine zukunftsforscherische Flankierung von deren Wirken gälte als eine Art luxurierender Flankenschutz, der – das ist das bittere Aroma dieser Medizin – seinerseits allerdings mehrfach *risiko*behaftet ist (s.o.). Im Verhältnis zu den zusätzlichen Risiken, die man sich damit einhandelt, wäre der Einsatz daher zweifelhaft.

---

der Wunsch nach individueller Mobilität in Zukunft schwächer sein wird, kommt es darauf an, sich im zunehmenden Maße der Aufgabe zuzuwenden, das Automobil in sein soziales und gesellschaftliches Umfeld einzuordnen." Vgl. *Breitschwerdt* (1979). Dies markiert zu einem bemerkenswert frühen Zeitpunkt einen markanten Ausbruch aus dem ingenieurswissenschaftlich geprägten Muster von Innovation, das bis heute vorherrscht.

Dieser Mainstream-Lesart kann man folgen, muss man aber nicht. Wir schließen uns ihr nicht an und stehen stattdessen in der Tradition der Ursprungsidee von Zukunftsforschung als einer *Meta*-Disziplin, die abstellt auf Qualitätskontrolle von Langfrist-Entscheidungen – eine Qualitätskontrolle durch Selbstreflexion und spezielle kognitive Beobachtungsprogramme, erfunden für Bedingungen hoher Komplexität und Umfelddynamik. Die „Zubringerwissenschaften" waren für Flechtheim gerade die Fachdisziplinen wie etwa Betriebswirtschaftslehre – Zubringer also *für die Zukunftsforschung* als Meta-Disziplin, denn sie garantierten eine Anbindung an professionelle *Sach*diskurse, die prinzipiell *alle* anschlussfähig sind an den zeitanalytischen Fokus von Zukunftsforschung. Diese praktiziert ja etwas ganz anderes, als Sachfragen direkt zu beforschen: Sie bearbeitet Sachfragen *zeitlich* (komplexe Planungen und Langfriststrategien, Richtungsbestimmung von Sachfragen, Erforschung latenter Eigendynamiken spezieller Fachlogiken und so weiter).

Bezogen auf den Smart-Fall: Wie sich zeigen lässt, war es *keineswegs* durchgehend so, dass betriebswirtschaftliche Steuerungskriterien den Ausschlag für ein Weitermachen gaben. Der Grundimpuls für diesen Innovationsprozess kam zum einen *aus der Zukunftsforschung selbst* (nicht durch betriebswirtschaftliche Wettbewerbsbeobachtung, Visionsfindung, Kreativitätsworkshops oder ähnliche Evergreens angeblich unabdingbarer „Ideenfindungen"). Und zum anderen entwickelte er eine organisationsinterne Eigenlogik, eine Drift, die zumindest *entscheidend dazu beitrug*, eine ganze Reihe empirisch validierter „Einwände" und Gegenargumente an der eigenen – intern: unerschütterlich von sich selbst überzeugten – unternehmerischen Tiefenkompetenz abperlen zu lassen. Wir würden nicht so weit gehen zu behaupten, der interne Foresight-Bereich sei die zentrale Schutzzone des Prozesses gewesen oder hätte in dieser Weise überhaupt wirken können – das wäre eine maßlose Überschätzung dieser Organisationsfunktion. Dennoch: Es macht einen Unterschied, ob eine Innovation *via* „Idee" über den klassischen „Funnel" in die Innovationspipeline geschickt und betriebswirtschaftlich quasi geradeaus durchprozessiert wird, oder ob der Innovationsimpuls *via* Vorgriff (methodisch: über Backcasting, vgl. die Rolle von Breitschwerdt) seine Überzeugungsarbeit „aus der Zukunft heraus" lädt und die Akteure von dort her, unterstützt durch stete weitere Mobilitätsforschung, immer mehr „gefangen nimmt". Das Prinzip, das hier in Geltung steht, ist vergleichbar mit der betriebswirtschaftlichen Unterscheidung von Push und Pull: Klassisches Innovationsmanagement sucht und findet den Push-Impuls, zukunftsforscherische Innovation verursacht einen Pull, folgt einem *selbsterzeugten* Sog.

Uns ist klar: Diese Formulierungen wirken sibyllinisch. Was jedoch in der Organisation realiter geschah, war eine kulturell durchaus präzise und nachhaltige Beeinflussung und Verschiebung der internen Entscheidungskultur, die sich *nicht* über Agendasetting, hintereinandergestaffelte Gremienentscheide, strategische Richtungskonflikte oder Fristen-Controlling abbilden lässt. *Nur dieses Instrumentarium steht betriebswirtschaftlich dafür aber zur Verfügung.* Der Foresight-Prozess des Smart war entscheidend, aber nicht entscheidungs*pro-*

*zess*relevant oder organisationsstrukturell vermittelt. (Dieses Wortspiel wirkt einzig auf der Sachebene paradox, also theoretisch; organisational gesehen – in der Praxis – ergibt sich daraus kein Problem.)

Begleitet wurden die geschilderten Phasen überdies von klassischer Marktforschung. Diese verfolgte jedoch deutlich andere Zielsetzungen als die Zukunftsforschung. Der Bedarf an zukunftsorientierten Lösungskonzepten aufgrund der wahrgenommenen gesellschaftlichen Wandlungsbewegungen (Monitoring) wurde von Foresight sehr früh erkannt, als Zielbild auf der Grundlage von Projektionen mittels Szenario-Technik entwickelt und aus heutiger Sicht richtig imaginiert. Dies verlangt intern einen gut konditionierten Willen, Entwicklungen aufzuspüren, verbunden mit ausgeprägter, auch unternehmerisch qualifizierter Vorstellungskraft (Imagination und Antizipation). Beides muss zudem immer in enger Beziehung zum Gewussten genutzt und dieses dann, kombiniert zu entscheidungsfundierendem „Zukunftswissen", an die sichtbaren Tatbestände des Alltags (zum Beispiel Absatzentwicklung) angekoppelt werden. Im Fall Smart wird sehr deutlich, dass speziell die Rückbindung an das reale Marktgeschehen in den unterschiedlichen Phasen seitens Foresight nur begrenzt gelang. Der Weg zum Markterfolg verlief über weite Strecken iterativ. Eine klare Orientierung für den Entscheidungsprozess konnte nicht durchgängig vermittelt werden: Foresight war deutlich zu optimistisch hinsichtlich Käuferaffinität und Umsatzentwicklung, und dies sowohl beim Fahrzeug wie auch bei den Dienstleistungen[40]. Insbesondere die Herstellung des richtigen Zeitbezugs stellt eine der schwierigsten Aufgaben einer aufgeklärten Zukunftsforschung dar. Dies muss als eine der zentralen intellektuellen Herausforderungen verstanden und geübt werden; spielt sie sich doch zwischen dem Erkenntnisanspruch einerseits und dem subjektiv (politisch und / oder unternehmerisch) Gewünschten andererseits ab.

---

[40] Dies lag unter anderem daran, dass man sich in Themen jenseits von Foresight drängen ließ (Zielgruppen-Analysen, Advanced Marketing). Zwar liegen in Foresight-Prozessen Marktprognosen nahe. Man steht dabei allerdings vor dem Problem, einen künftigen Markt unter Bedingungen und Voraussetzungen zu beschreiben, die dem Gestern, maximal dem Heute entstammen (denn daraus werden diese Bedingungen ja definiert); also zwingend Konstanzannahmen treffen zu müssen, die oftmals dem Forschenden nicht erkennbar werden, die jedenfalls fiktiv sind und auf nur unklare Weise jeweils ,passen'. Soziale Werte beispielsweise sind in ihrer Entwicklung nur bedingt prognostizierbar; und wie Verbraucher radikal neue Dinge am Ende finden und ob sie sie tatsächlich kaufen, ist nicht seriös erforschbar. Manchmal funktioniert es, manchmal nicht. Unser Eindruck ist: Je mehr sich die Foresight von ihrem ureigenen Gebiet entfernt und sich auf betriebswirtschaftlich etabliertes, prognostisches Gelände begibt, desto mehr läuft sie Gefahr, ihre Kernkompetenz zu verlieren und überformt zu werden von Mindsets, die ihren Erkenntnisfokus – und ihre Kernkompetenz – aushebeln. Um solche Soliditätsgefälle aber überhaupt beobachten zu können, muss diese Kernkompetenz von Foresight zunächst möglichst „dicht" beschrieben werden. Insbesondere dem dient unsere Hypothesensammlung in Teil I einerseits und der Versuch einer Art „dichter Beschreibung" (*Geertz* (1983)) des Prozesses selbst im hiesigen Teil II. Aus beidem zusammen lassen sich Einsichten gewinnen – insbesondere, was das komplexe Zusammenspiel von Betriebswirtschaft und Zukunftsforschung betrifft (folgender Teil III).

3. Antizipatorische Zukunftsforschung

Hypothesen, Leitlinien, Lernkurven

Der Entwicklungs- und Planungsprozess des Smart war in jeder oben genannten Hinsicht ungewiss:

- Durchsetzungs- und Macht-Ungewissheit: Legitimationsfragen stellten sich an mehreren Stellen des Prozesses. Dass dieses Problem niemals eskalierte, lag vor allem an zwei Umständen: Zum einen lieferte das Monitoring neuer Mobilitätsdaten und Forecasts Belege und Bestätigungen der zentralen Vorannahmen, die stets für einen „Haken in der Realität" sorgten. Die Richtung des Prozesses war ‚geerdet'. Zum anderen profitierten vom Forschungsprozess auch Unternehmensbereiche, die in die Foresight unmittelbar gar nicht eingebunden waren. Diese mittelbare, sich quasi passivisch ergebende, synergetische Nebenfolge von Foresight war ein Effekt der Durchlässigkeit und Transparenz wesentlicher Erkenntnisse, die der Konzern (beziehungsweise jedes Unternehmen, das sich Foresight-Prozessen öffnet) gewährleistete. Es gab intern keinen *closed shop* – eine wichtige Legitimationsbasis.

- Zuverlässigkeits- und Methoden-Ungewissheit: Methodisch ungewiss war aber vor allem das Hin- und Herspringen zwischen parallel zum Prozess realisierten Marktumfragen und ähnlichen Signalen, die eine potenzielle Resonanz des Marktes auf einen solchen Kleinwagen skeptisch bewerteten. Soll heißen: Die wahrnehmbar „harte" Konfrontation zukunftsforscherischer und betriebswirtschaftlicher Mindsets. Zwar traf das Unternehmen die Entscheidung, den eigenen Foresight-Ergebnissen (Vorschauen zur Entwicklung der Mobilität in urbanen Räumen) *trotzdem* weiter zu vertrauen. Die Fortsetzung des Prozesses musste aber – auch oder gerade deshalb – intern intensiv plausibilisiert werden. Interessant ist, dass dieses Oszillieren der Sache selbst nicht schadete, im Gegenteil: Der Smart ist ein Beleg für eine „funktionierende" Art von Foresight, welche sich an der antizipatorisch vorgenommenen Setzung einer *anderen* – hier: mobilen und vernetzten – Zukunft ausrichtete. (Üblicherweise steht diese Blaupause für US-amerikanische, im Kern kalifornische Innovationsmuster.)

Dies wirft ein anderes Licht auf die in der Zukunftsforschung inzwischen konsentierte Grundannahme, erfolgreiche Innovation *via* Vorschau fuße zwingend auf (professionellen) Techniken der Früherkennung, in welcher konkreten Form auch immer; mit anderen Worten darauf, dass sich eine gelingende Innovation aus der Organisationsanpassung an ein verändertes Umfeld „ergäbe". Richtig ist zwar, dass luftige Visionen oder Spekulationen über Kommendes allein nicht ausreichen, um erfolgreiche Innovationen zu planen. Der Smart-Prozess liefert aber ein Beispiel dafür, dass diese radikale Innovation gerade *nicht* hauptsächlich durch ein klassisches Suchen schwacher Signale, durch Trend-Monitoring, Scanning oder Marktforschung, also: durch eine typisch *betriebswirtschaftliche* Validierung von Hypothesen, zustande kam. Teilweise waren es gerade die Ergebnisse genau solcher Aktivitäten, welche die unternehmerische Strategieentscheidung wiederholt *infrage* stellten. (Selbstverständlich: Das lässt sich positiv wie negativ bewerten!) In jedem Fall zeigt beispielsweise der Umstand, dass in der Post-Launch-Phase Zielgruppen-Segmente relevant waren, die von der marktforscherischen Vorschau deutlich abwichen, wie wenig der Innovationserfolg an „guter", „präziser", „prognostischer" Treffgenauigkeit hängt und wie sehr an der *Angemessenheit* des antizipierten sozialen beziehungsweise mobilitätsbezogenen Kontextes und des *davon-selbst-überzeugt-Seins*. Der Grund des Erfolgs lag genau hier: Ein über weite Strecken experimenteller Prozess erzeugte in den Köpfen der Entscheider eine alternative Vorstellung mobiler Wirklichkeit, auf die im Laufe der Konkretisierung das Produkt immer mehr zugeschnitten wurde. Diese Fokussierung war *kein* Resultat von „strategischer" Führung oder Steuerung. Und, ja: Monitoring kann hierfür hilfreich sein und war es hier oft auch; ausschlaggebend für den Erfolg ist es jedoch nicht.

- Bewertungs- und Entscheidungs-Ungewissheit: Die Bewertungs- und Entscheidungsstrukturen waren extrem heterogen, grundsätzlich aber motiviert durch *praktische* Fort- wie Rückschritte im Prozess. Eine Unterscheidung beispielsweise zwischen einer radikal neuen mobilen Zukunft (Zukunft im starken Sinne) und einer eher unsicheren (Zukunft im schwachen Sinne) war zu keinem Zeitpunkt Thema. Vor dem Hintergrund des Ablaufs erscheint diese Unterscheidung intellektualistisch; es wäre erst zu prüfen, ob hier eine praxisrelevante Differenzierung überhaupt vorliegt. Geplant wurde phasenweise und methodisch sehr variabel: Der Prozess verlief in weiten Teilen iterativ, es gab sowohl klassische Ziele wie unternehmerische Dezision, Optimierungsphasen wechselten sich mit ganzheitlichen Methoden (Szenario-Prozessen) ab. Ob die anfänglichen Erwartungen besonders realistisch oder unrealistisch gewesen sind, lässt sich im Nachhinein kaum mehr beurteilen: Erwartungen konkretisierten sich fortlaufend während des Prozesses um, anders oder neu. Auch eine vorab festgelegte fixe Laufzeit gab es nicht. Eine Art Prozess-Architektur lässt sich erst recht nicht erkennen; man ließ sich vielmehr von den „Etappensiegen" leiten und schloss die Entscheidungsfindung daran an. In der rekonstruktiven Beobachtung gewinnt man allerdings den Eindruck, dass auf Basis des insgesamt offenen Visiers der methodische Eklektizismus der Produkt-Innovation selbst gutgetan hat: Die vielschichtigen und kontroversen Impulse verlagerten mehrfach die Konzept-Schwerpunkte und sorgten für eine kontinuierliche Feinjustierung. Unanstrengend für die Beteiligten war das allerdings nicht. Und vor allem erlaubt es keine Ableitung von Leitlinien, idealen Schrittfolgen oder universalen Handlungsempfehlungen („Die 10 Gebote einer erfolgreichen Foresight" oder Ähnliches).

- Risikominimierungs-Ungewissheit: Dass im Smart-Prozess eine überdurchschnittliche oder unterdurchschnittliche, dezidierte *Risiko*minimierung betrieben worden wäre, lässt sich nicht beobachten. Das Risiko gegenläufiger Marktdaten wurde in Kauf genommen, ausgehalten. Insofern galt hier scheinbar, dass eine radikale Innovation mit Investitionsrisiken einhergeht; einerseits. Andererseits sorgte aber eine variantenreiche Reihe unterschiedlicher Foresight-Instrumente dafür, nicht das unternehmerische Risiko, sondern die *Validität der gesetzten Antizipation* (das heißt das Zukunftsbild urbaner Mobilität) immer wieder zu überprüfen, aktuell und relevant zu halten. Man könnte sagen, die mit einer solchen Antizipation einhergehende unvermeidbare Ungewissheit wurde „entschieden" (das heißt bewusst, absichtlich, strategisch) akzeptiert und *gar nicht erst in Form von Risiken berechnet beziehungsweise bearbeitet.* Dieser ungewöhnliche Umgang in Foresight-Prozessen mit vermeintlichen Risiken (die in *diesem* Zusammenhang eben keine sind, sondern Ungewissheit bedeuten!) ist etwas ganz anderes als sowohl ein auf Risikominimierung reduziertes Planungsverständnis als auch das ‚hippe' Gegenbild von Innovation als „disruptivem" Abenteurertum auf globalen Märkten. Das hier realisierte Management diffuser Anfangsunsicherheiten, die jeder Innovationsprozess zu bewältigen hat, *funktioniert überhaupt nicht* innerhalb der häufig unterstellten Dichotomie ‚hohe Risikoaffinität – hoher Innovationsgrad' / ‚Risikoaversion – niedriger Innovationsgrad'. In den Fokus rückt vielmehr die *Qualität* von scheinbaren Risiken, die das Monitoring erkennt – und dabei kommen dann die fundamentalen Unterschiede zwischen Ungewissheit, Unsicherheit und Risiko zum Vorschein, deren Verwechslung es bewusst zu vermeiden gilt. Im Smart-Prozess wurde – *ohne, dass dies im laufenden Prozess eigens reflektiert worden wäre* – ‚Risikomanagement' in erster Linie hinsichtlich der gesetzten Antizipation betrieben; soll heißen, im Grunde war das Ungewissheitsmanagement. Dies allerdings intensiv. Ein klassisches Risikomanagement im Sinne marktorientierter Früherkennung gab es zwar durchaus; dies fungierte aber nicht als einschlägiges Entscheidungskriterium für den Fortgang des Prozesses. – Wir halten diese Zusammenhänge (die sich erst in der nachträglichen Analyse so klar formulieren lassen), ein solches Verständnis von Foresight-spezifischem Ungewissheitsmanagement, für einen zentral Erfolgsfaktor unternehmensinterner Zukunftsforschung.

- Management- und Führungs-Ungewissheit: Schließlich war der Smart-Prozess nicht eigens als Maßnahme zur Organisationsentwicklung angesetzt (obwohl er letztlich eine solche darstellte): Ansprüche des aktiven „Musterbrechens" oder eines Erreichens disruptiver Irritationen existierten zwar in den Köpfen einiger Foresight-Akteure, spielten im unternehmerischen Entscheidungsprozess jedoch, wenn überhaupt, allenfalls eine nachrangige Rolle. Anders dagegen die Konflikte, die tatsächlich um die „gegenteiligen" Ergebnisse aus der Marktforschung ausgetragen wurden: Der Foresight-Prozess sorgte durch den konzeptionellen Widerspruch zwischen unternehmerischer Überzeugung und Marktdaten für intensive Debatten. Was bereits in diesem Prozess noch aus dem letzten Jahrhundert positiv zum Tragen kam, war die Kooperation mit externen Akteuren, die ähnliche Interessen oder Innovationsorientierungen hatten (Forschungen am kalifornischen CARB, Kontakt zu Nicolas Hayek und Anderes). Inzwischen hat sich bestätigt, dass die Bedeutung netzwerkartiger kommunikationspolitischer Kooperationen nachhaltig stark zunimmt.

Resümierend lässt sich festhalten, dass viele Details der Entwicklung des Smarts interessante und ungewöhnliche Aufschlüsse über zukunftsforscherisch flankierte Innovationsprozesse in Unternehmen zulassen. Die meisten der angesprochenen Insights liegen jedoch weder auf Linie des klassisch betriebswirtschaftlichen Denkens noch desjenigen Profils von Zukunftsforschung, das in der BWL von dieser Disziplin vorherrscht (darauf bezog sich unsere zentrale Fragestellung, vgl. 1.2). Die Ergebnisse stellen solch konventionell-unternehmerisches Denken indes auch nicht in Frage, sondern schlagen vielmehr andere, „dritte" Wege ein, die sich an den gewohnten Instrumentenkoffer des Innovierens anschließen lassen – als ‚nice-to-have' und Ersatzpfeile im Köcher, falls das erprobte Zubehör nicht trifft. Sie erweitern den Kanon, diskriminieren aber nicht die etablierten Werkzeuge. Gleichwohl gilt: Aufarbeitungen der Phasen und Muster, Ereignisabfolgen und Debattenverläufe solcher Prozessen, die grundsätzlich ‚unique' sind, liegen bis heute nicht vor – was den wissenschaftlichen Erkenntnisfortschritt für Belange der Zukunftsforschung nicht gerade erleichtert.

Was die multiplen Ungewissheiten zukunftsforscherischen Innovierens betrifft, so sehen wir die *Durchsetzungs- und Macht-Ungewissheit*, die bei den Promotoren solcher Prozesse liegt, bestätigt. In einer Unternehmenswelt, die von dem sozialtechnisch verfahrenden Mindset der Betriebswirtschaftslehre durchtränkt ist, bleibt im Einzelfall sorgfältig abzuwägen, ob die Organisationskultur ein solches, *via* Antizipation auf Selbststeuerung umstellendes Prozessdesign, das mitunter sogar „beweis-kräftige" Empirie zu ignorieren imstande ist, (ver-)trägt. Gleiches gilt für die *Management- und Führungs-Unge-wissheit.*

Die *Zuverlässigkeits- und Methoden-Ungewissheit* wiede-rum entbehrt unseres Erachtens einer Grundlage, die verständlich und nachvollziehbar wäre. Die Fragen, wel-che die Wirtschaftswissenschaft an die Zukunftsfor-schung adressiert (Effektivitäts- und Effizienzkriterien, Zeit- und Ressourcenaufwand-Berechnungen, Erfolgsfak-toren, Benchmarks und so weiter), entstammen der do-minanten mathematischen Kalkulationslogik dieser Fachdisziplin, nicht dem − in vielfacher Hinsicht: *entge-gengesetzten* − zukunftsforscherischen Erkenntnisinte-resse einer Erzeugung organisationsaffiner Mehrdeutig-keit (Generierung von qualifizierten Handlungsalternati-ven für einen spezifischen Kontext). Man vergleicht hier Äpfel mit Birnen und mokiert sich darüber, dass die ge-prüfte Sorte den Standards nicht genügt.

Die *Bewertungs- und Entscheidungs-Ungewissheit* ver-mögen wir in diesem Fall-Zusammenhang nicht hinrei-chend zu beurteilen; dazu ist die Datengrundlage zu dünn, was die präzisen Entscheidungswege und -schritte *außerhalb* des eigentlichen Foresight-Bereichs und seiner konzentrischen Kreise zu Kooperationspartnern und in Dialog stehenden Unternehmensbereichen betrifft. Wir neigen jedoch zu der Hypothese, dass der in diesem Zu-sammenhang häufig benutzte Begriff des Zukunfts*wis-sens* womöglich eine falsche Fährte legt. Wie angerissen, fußte die nachhaltige Entscheidungslogik, der „Sog" des Prozesses über zwei Jahrzehnte, nicht in Informationsbestandteilen, die nach Art eines Objekts von Hand-zu-Hand (Kopf zu Kopf) weitergereicht worden wären und, nach entsprechender Anreicherung, *qua* qualitativem Sprung zu einer durchbrechenden Entscheidung („Disruption") geführt hätten. Aus mehreren, hier im Detail nicht klärungsmöglichen Gründen erscheint uns dieses Vorstellungsbild kontraproduktiv. Bewertungen und Entscheidungen (die merkwürdigerweise in vielen Situationen nicht unterscheidbar waren) nehmen in Foresight-Prozessen eine andere Form an; Kommunikation und Bewertungsdissonanzen gewinnen ein eigenes, entscheidungsrelevantes Gewicht.

Dass eine Politik der (konventionell verstandenen) *Risikominimierung* im Innovationsmanagement zulasten der Chancen für radikale Innovationen ginge – oder ob das Gegenteil der Fall sei –, können wir nicht erkennen. Dies bedeutet jedoch weniger eine Absage an diesen Gedanken als auch hier vielmehr einen Hinweis darauf, dass diese Hypothese jenseits zukunftsforscherischer Denk- und Erkenntnislogik liegt. Foresight-Prozesse zielen auf eine Erhöhung der Zukunftsintelligenz der Organisation, und diese wird nicht besser oder schlechter mit radikalen oder inkrementellen Innovationen, sondern mit Innovationen, die zur Organisation *passen* (anderer Urteilsmaßstab). Daher wechselt der Fokus einer langfristigen Prozessstabilisierung prinzipiell von Risiko auf Ungewissheit.

Ob das nun „unter'm Strich" nicht tatsächlich zu viele Ungewissheiten sind und ob sich der Aufwand für Foresight lohnt, lässt sich im universalistischen Duktus nicht beantworten – und unseres Erachtens als Frage mit wissenschaftlichem Anspruch auch gar nicht *sinnvoll* stellen.

Die aus diesen Insights ergebende Anschlussfrage lautet für uns statt dessen, was mit „unter'm Strich" genau gemeint ist: Wer zieht diesen Strich und wofür steht er, was bedeutet er? Wir vermuten: Den Strich zieht eine Wissenschaft, die vom Elfenbeinturm herunter doziert. Und nicht eine bessere Praxis, sondern eine möglichst perfekte Theorie im Sinn hat. Die Formulierung „unter'm Strich" bedeutet: „Für alles, für alle, jederzeit". Die Meta-Disziplin Zukunftsforschung hingegen steht für etwas anderes: Für eine strikt praxeologische Form der Aufklärung (wir wollen *praktisch* weiterkommen) sowie für jeweils passende, unique, nicht kopierbare, einzigartige: nur in *diesem* Unternehmen, nur mit *diesen* Mitarbeitern und nur unter *diesen* konkreten situativen Bedingungen mögliche *Sprungbretter zu mehr Zukunftsintelligenz.* Sie verfährt zwar systematisch, aber aus diesen Gründen strikt partikularistisch, das heißt auf individuelle Besonderheit ausgerichtet (und nicht rationalistisch-universalistisch).

Der Foresight-Prozess des Smart legt aus unserer Sicht insbesondere zwei weiter zu prüfende Schlüsse nahe:

Corporate Foresight ist *erstens* womöglich weniger geeignet, konkrete Innovationsprojekte zu launchen als neue soziale Kontexte unternehmerisch aufzugreifen und damit *Situationen* für Innovationen *zu finden* und *zu bewerten*. Sie hat im Unternehmenskontext damit eine deutend-erkundende sowie genuin antizipatorische Funktion (nicht in erster Linie eine aufspürende Such-Funktion). Zumindest im Fall Smart sorgte der Prozess in erster Linie für eine kontinuierliche Professionalisierung zukunftsbezogener Entscheidungen mit Blick auf eine Innovationsidee, weniger der „Produktion" (im Sinne ideeller Erfindung, prozesshafter Entwicklung oder auch operativer Herstellung) eines konkreten neuen Produkts. Auch wenn das paradox klingt: Letzteres ist hier eher eine Art Mit- oder Nebenfolge. *Kein radikal-innovatives Produkt ohne soziale Antizipation.*

Erforderlich als Startpunkt dafür war beim Smart-Projekt „lediglich" ein Zukunftsfokus (hier: die Projektion urbaner Mobilität, unterfüttert mit ersten groben Quantifizierungen) sowie eine unternehmerische Interessensetzung (Dezision). Die Kernkompetenz des Bereichs Corporate Foresight lag im Rückblick vor allem in der Unterstützung des organisationsinternen Entscheidungsbetriebs; dies im Beispiel deutlich noch mit sachlich-sozialem Schwerpunkt. Prinzipiell modularisiert Zukunftsforschung Annahmen über die Zukunft jedoch gerade nicht sachlich oder sozial, sondern dezidiert zeitlich. Sie ist Expertin dafür, Möglichkeiten in strategische und taktische Vorteile einer Organisation zu übersetzen, indem sie mit Fristen, Geschwindigkeiten, Zeitsprüngen und Vorgriffen spielt, um Vorsprünge zu erzielen.

Ein solches Spiel mit Zeiten und Geschwindigkeiten war im Foresight-Prozess des Smart noch kein Thema; insofern bleibt, im Nachhinein betrachtet, der reale Ablauf dieses Prozesses nah an der konventionell dominierenden Sachdimension betriebswirtschaftlich verstandener Corporate Foresight. Man registrierte vielmehr bereits in den 1990er Jahren die Ausschläge eines Wertewandels, der Produktbesitz und Status *via* Eigentum in jungen, modernen Milieus unwichtiger werden ließ, „temporalisierte" diese Erkenntnisse aber nicht, sondern verfuhr damit „zielgruppengerecht" – und kam mit diesem klassisch justierten Angebot ein paar Jahre zu früh. Die Lektion: Je dynamischer, aber auch je heterogener und ausdifferenzierter die Märkte werden, desto bedeutsamer werden offenbar *Techniken der Temporalisierung*, eine Synchronisation von Gleichzeitigem, beziehungsweise die Berücksichtigung parallel laufender, interdependenter Einflussfaktoren, die über das rein Sachliche hinausreichen (vgl. *Müller-Friemauth / Minx* (2014)).

Über viele Jahre hinweg hat sich die Zukunftsforschung ausschließlich der sachlich-sozialen Sichtweise bedient, um diese Phänomene einzufangen. Soziologisch-konzeptionelles Benchmark: Die Individualisierungstheorie, also die Analyse der kontinuierlichen Entwicklung weg von sozialer Fremdbestimmung hin zu mehr Selbstbestimmung. Unseres Erachtens ist das zwar notwendig, aber längst nicht mehr hinreichend. Tempo und Ausmaß der Umfeldveränderungen berühren inzwischen auch kulturell unterschiedliche Zeitverständnisse massiv – den zentralen Gegenstandsbereich von Zukunftsforschung. Ganzheitliche, etwa systemische Ansätze wie die Bezugnahme auf „Resonanz", also den gesellschaftlichen Widerhall auf ein neuartiges Ereignis (Innovation), stellen den Fokus in andere Richtung scharf, indem sie nicht die „individualistischen Einzelteile" der Gesellschaft analysieren, sondern deren Zusammenhänge, „Schwingungen" und Energien, die sich auf nichtlineare Weise gegenseitig beeinflussen (Nebenfolgen, Interdependenzen, Domino-Effekte mit Folgen wie Verzögerung, Beschleunigung, Verharren und so weiter). Diese explizit komplexitäts- und zeittheoretischen Aspekte sind *das* Asset von Zukunftsforschung und „schlagen", wenn man das einmal so martialisch formulieren will, in Foresight-Prozessen die eingeschliffenen Dichotomien der Sozialwissenschaften (Individuum – Gesellschaft und so weiter), also auch der Betriebswirtschaftslehre. Das meint nicht, dass der zukunftsforscherische Blick wichtiger wäre – *er beobachtet vielmehr etwas anderes*. Etwas, das nicht im Fokus der Wirtschaftswissenschaften liegt, offensichtlich aber immer wichtiger wird. Foresight ergänzt Aspekte, die bisher unberücksichtigt blieben. Es ist Sache eines jeden Einzelunternehmens zu bewerten, welche eigenen Ungewissheiten, die Foresight mit sich bringen mag, ihm diese neu- und andersartigen Beobachtungsweisen und Einsichten wert sind.

Womöglich sollte sich *zweitens* eine professionelle ökonomische Zukunftsforschung gegenüber Ansprüchen und Instrumentalisierungen von Nachbardisziplinen deutlich abgrenzen; sich also auf die eigene Kernkompetenz konzentrieren (Zeit statt Sachliches oder Soziales bearbeiten). Und sich außerdem von sich selbst überschätzenden Versprechungen bezüglich ihrer Erkenntnisse distanzieren; also gegenüber einer auf Treffsicherheit zielenden Prognostik und überall lauernder Hypes, „Disruptionen" und „Transformationen". Diese Empfehlung bezieht sich einerseits auf Methoden, etwa eine allzu routinierte Übernahme etwa betriebswirtschaftlicher, zum Beispiel marketingorientierter oder prognostischer Instrumente (*Neuhaus / Minx* (2009)). Andererseits revidiert diese Empfehlung aber auch Anspruchshaltungen von Foresight selbst. Zwar schaden erfolgreiche Prognosen nicht dem Unternehmenserfolg. Und: Zwar fahren Foresight praktizierende Organisationen mit ihrer Langfristorientierung oftmals besser als solche, die derlei nicht betreiben. Beides bedeutet aber nicht, dass sich diese Vorteile im Sinne von Effektivität, Effizienz und Optimierung *ganz prinzipiell* behaupten oder gar systematisch steigern ließen. Eine Verbesserung und Weiterentwicklung von Foresight liegt unseres Erachtens gerade nicht in Richtung Treffsicherheit, Präzision oder einer methodischen Neuerfindung von Prognostik, sondern in der Ausarbeitung eines methodisch-systematischen Verständnisses von Projektion: von praktischen Funktions- und Umsetzungsweisen unternehmerisch gehaltvoller Antizipation.

Diese Ausrichtung *darüberhinaus* an Zeithorizonten und Fristigkeiten zu bewerten („Wie lange darf so etwas dauern?"), finden wir nicht hilfreich. Es gibt unseres Erachtens keinen Grund, den langen Atem der Zukunftsforschung, für den der Smart-Prozess beispielhaft stehen kann, aufgrund vermeintlicher Sach-, Sozialzwänge oder Marktdynamiken aufzugeben. Unseres Erachtens trifft das nicht die Logik solcher Prozesse. „Kurz-oder-lang" sagt nichts aus über Qualität. Dass sich in einem hoch veränderlichen Konzern wie der Daimler AG der Grundimpuls der Smart-Foresight über fünfundzwanzig Jahre halten und letztlich durchsetzen konnte, ist weder Glück noch „Strategie", sondern entspringt einem spezifisch unternehmerischen Selbstverständnis, das gesetzt werden, soll heißen: *gewollt* sein musste. Andernfalls weht jedes *Weak Signal* seitens des Marktes mit abweichender Botschaft den Foresight-Vorsatz um – einerseits. Andererseits gilt aber auch: Nur extrem selten wird explizit dorthin *geführt!* Treffender wäre die Beschreibung: Es wird „aktiv" geduldet. Aus Sicht des Smart-Prozesses jedenfalls ist unsere pragmatische Wertung im Nachhinein: *Das reicht!* (In regelmäßigen Abständen die Foresight-Perspektive im Vorstand wieder zu erneuern, zu aktualisieren, ist völlig ausreichend – es bedarf dazu keiner eigenen strategischen Implementierung oder „Hinführung" zu Foresight. Genau dies geschah hier, und das Experiment verlief letztlich erfolgreich.)

Mitunter wird zu diesem Thema die Meinung vertreten, derartig langfristige Prozesse seien heutzutage nicht mehr möglich; die Märkte dafür zu „volatil" geworden, es müsse viel schneller innoviert werden. Wir halten das für falsch – noch mehr aber für eine Haltungsfrage. Wer Innovation ausschließlich als Antwort auf Marktdruck versteht, als Re-Aktion auf das Umfeld, mag zu dieser Bewertung gelangen. Im Automobilsektor werden unter anderem Tesla und Tata, mittlerweile aber auch Google und andere IT-Unternehmen als Belege dafür herangezogen, dass der Innovationsdruck steigt. Eine radikale Innovation wie der Smart ist gleichwohl kein „klassischer" Innovationszyklus. (Auch das Weitertreiben physikalischer Grundlagenforschung, eine Besiedelung des Mars oder Google's *Project Loon* markieren eben keine klassischen Innovationsprozesse oder -zyklen.) Was ist jeweils genau mit „Innovation" gemeint? Dass inzwischen beinahe jedes Innovationsthema an Kriterien wie Marktgängigkeit, Verwertbarkeit oder „Radikalität" gemessen wird, spiegelt nur das *betriebswirtschaftlich* dominierte Profil der Debatte, beziehungsweise ein bemerkenswert einseitiges Innovationsverständnis wider, das allem Anschein nach weder auffällt noch stört. Beispielgebend dafür ist der aktuelle deutsch-europäische Blick gen Westen ins kalifornische Herz des amerikanischen Entrepreneurship (*Müller-Friemauth (2012); Müller-Friemauth / Kühn (2016)*).

Wir betrachten Zukunftsforschung als einen Weg der *Selbstaufklärung* organisationalen Entscheidens, der maßgeblich durch Antizipation zustande kommt. Als ein Angebot, die immer größer werdende Lücke zwischen prognostischer Vorhersage (deren Effektivität unter Bedingungen von Komplexität immer deutlicher abnimmt) und rein formalen, postmodern-wolkigen „Visionen" zu füllen – nicht mehr und nicht weniger. Und zwar so, dass sich daraus *praktisch* relevante Maßstäbe für Angemessenheit und unternehmerische Machbarkeit gewinnen lassen: Wissenschaftlich transparent, methodisch zeitgemäß und in der Haltung nach organisationsspezifischen, kontextabhängigen Maßstäben urteilend.

Eine für alle Seiten ‚mehrwertige' und methodisch valide Einbindung in die Betriebswirtschaft ist aufgrund des methodischen Schwerpunktes und der angerissenen distinkten soziokulturellen Perspektive also eine Herausforderung, aber keineswegs unmöglich: Im Kern geht es um *Ergänzungen*; und dies noch nicht einmal in sachlicher oder sozialer Expertise, sondern in (für die Betriebswirtschaft neuartiger und bislang nicht auf dem Bildschirm erscheinender) zeitlicher Hinsicht. Vorhandene Instrumente werden nicht diskriminiert, sondern angereichert. Und es gibt Beispiele, wie den Smart-Prozess, die den Versuch lohnend erscheinen lassen.

Literatur

Ansoff, Harry I. (1976): Managing Surprise and Discontinuity – Strategic Response to Weak Signals, in: Zeitschrift für betriebswirtschaftliche Forschung, Vol. 28, 1976, S. 129-152.

Breitschwerdt, Werner (1979): Vorwort zum Seminar der Forschungsgruppe Berlin, 27./28. September 1979. In: Verkehr Umwelt Zukunft, Vorträge anlässlich des Seminars der Forschungsgruppe Berlin, 27./28. September 1979, Daimler-Benz AG (Hg.) Stuttgart.

Burmeister, Klaus / Neef, Andreas / Beyers, Bert (2004): Corporate Foresight. Unternehmen gestalten Zukunft, Hamburg.

Daheim, Cornelia / Uerz, Gereon (2008): Corporate Foresight in Europe: From Trend Based Logics to Open Foresight, in: Technology Analysis & Strategic Management, Vol. 20, No. 3, May, 321-336.

Daimler AG (2008): smart Geschichte. Zehn Jahre Erfolgsgeschichte, http://media.daimler.com/marsMediaSite/de/instance/ko/smart-Geschichte-Zehn-Jahre-Erfolgsgeschichte.xhtml?oid=9904739, eingesehen Jan. 2017

De Geus, Aries (1998): Jenseits der Ökonomie. Die Verantwortung der Unternehmen, Stuttgart

Förster, Hans-Joachim (1983): Technische Mittel zum Ausgleich der Spannungen zwischen Verkehr und Umwelt, in: *Daimler-Benz AG (Hrsg.)* 1983: Perspektiven des zukünftigen Verkehrs. Schriftenreihe der Daimler-Benz AG, Düsseldorf, S. 64-98

Frankenberg, Richard von / Matteucci, Marco (1973/1988): Geschichte des Automobils, Künzelsau

Geertz, Clifford (1983): Dichte Beschreibung. Beiträge zum Verstehen kultureller Systeme, Frankfurt a.M.

Gerhold, Lars et al. (Hrsg.) (2015): Standards und Gütekriterien der Zukunftsforschung. Ein Handbuch für Wissenschaft und Praxis, Wiesbaden

Giro, Barbara (2008): Ist Zukunftsforschung wissenschaftlich? Der wissenschaftstheoretische Gehalt soziologischer und futurologischer Prognoseverfahren, Saarbrücken

Göpfert, Ingrid (2006): Zukunftsforschung, in: *Göpfert, Ingrid (Hrsg.)* (2006): Logistik der Zukunft – Logistics for the Future, 4. Aufl., Wiesbaden, S. 1-37.

Götz, Konrad (2013): Mobilität: Warum sich plötzlich alle für Car-Sharing interessieren. http://green.wiwo.de/mobilitat-warum-sich-plotzlich-alle-fur-car-sharing-interessieren/, eingesehen Jan. 2017

Gransche, Bruno (2015): Vorausschauendes Denken. Philosophie und Zukunftsforschung jenseits von Statistik und Kalkül, Bielefeld

Haller, Gret (2002): Die Grenzen der Solidarität. Europa und die USA im Umgang mit Staat, Nation und Religion, Berlin

Hammer, Richard M. (1998): Strategische Planung und Frühaufklärung, München / Wien

Jordan, Marcus (2013): Die Geschichte des smart begann im Jahre 1972, http://blog.mercedes-benz-passion.com/2013/02/die-geschichte-des-smart-reduce-to-the-max-begann-1972/, eingesehen Jan. 2017

Koch, Jochen / Sydow, Jörg (Hrsg.) (2013): Organisation von Temporalität und Temporärem, Managementforschung Band 23, Wiesbaden

Kreibich, Rolf (1995): Zukunftsforschung. In: *Tietz, Bruno /
Köhler, Richard / Zentes, Joachim (Hrsg.)* (1995): Handwör-
terbuch des Marketing, Stuttgart, 2814-2834.

Kühn, Rainer / Müller-Friemauth, Friederike (2012): Risiko, Ungewissheit – oder Unsicherheit?,
http://denkenaufvorrat.de/news/unsicherheit/, eingesehen Jan. 2017

Liebl, Franz (1996): Strategische Frühaufklärung. Trends –
Issues – Stakeholders, München / Wien

Luhmann, Niklas (1990): Die Wissenschaft der Gesellschaft.
Frankfurt / Main

Meyer, Jens-Uwe (2012): Radikale Innovation. Das Handbuch
für Markt-Revolutionäre, Göttingen

Müller-Friemauth, Friederike (2012): Von der Vermarktung des
Glücks. Die Zunft der Zukunftsdeuter, in: INDES, Zeitschrift
für Politik und Gesellschaft, Jg. 1, Heft 2|2012 (Juni-Heft),
S. 98-106

Müller-Friemauth, Friederike / Kühn, Rainer (2016): Silicon
Valley als unternehmerische Inspiration. Zukunft erfor-
schen – Wagnisse eingehen – Organisationen entwickeln,
Wiesbaden

Müller-Friemauth, Friederike / Kühn, Rainer (2017): Ökonomische Zukunftsforschung. Grundlagen – Konzepte – Perspektiven, Wiesbaden

Müller-Friemauth, Friederike / Minx, Eckard (2014): Time Out
of Mind? Picturing Presence in Future Research, in: European Journal of Futures Research. EJFR, DOI: 10.1007/
s40309-014-0047-4

Neuhaus, Christian / Minx, Eckard (2009): Die Zukunft ist anders anders. Extrapolation und Konstanzannahmen als In-

strumente und Fallstricke der Zukunftsschau, in: *Reimer, Marko / Fiege, Stefanie (Hrsg.)* (2009): Perspektiven des Strategischen Controlling. Festschrift für Prof. Dr. Ulrich Krystek, Wiesbaden, S. 229-238.

Pillkahn, Ulf (2013): Pictures of the Future. Zukunftsbetrachtungen im Unternehmensumfeld, in: *Popp / Zweck (Hrsg.)* (2013), S. 41-79.

Popp, Reinhold (Hrsg.) (2012): Zukunft und Wissenschaft. Wege und Irrwege der Zukunftsforschung, Berlin / Heidelberg

Popp, Reinhold / Zweck, Axel (Hrsg.) (2013): Zukunftsforschung im Praxistest, Wiesbaden

Sardar, Ziauddin (2010): The Namesake: Futures; futures studies; futurology; futuristic; foresight – What's in a name?, in: Futures 42 (3), S. 177-184. DOI: 10.1016/j.futures. 2009.11.001

Schüll, Elmar (2006): Zur Wissenschaftlichkeit von Zukunftsforschung, Tönning / Lübeck / Marburg

Seidl, David / Werle, Felix (2011): Strategisches Management und Offenheit der Zukunft, in: *Tiberius (Hrsg.)* 2011, S. 287-299.

Slaughter, Richard A. (1993): Futures concepts, in: Futures, Vol. 25, No. 3, S. 289-314.

smartpit.de (2012/1): Der Micro-Car Blog. Die Entstehungsgeschichte des smart – Teil 1: Das grundlegende Konzept, http://www.smartpit.de/die-entstehungsgeschichte-des-smart-teil-1-das-grundlegende-konzept/, eingesehen Jan. 2017

smartpit.de (2012/2): Der Micro-Car Blog. Die Entstehungsgeschichte des smart – Teil 2: Vom Konzept zur Serie, http://www.smartpit.de/die-entstehungsgeschichte-des-smart-teil-2-vom-konzept-zur-serie/, eingesehen Jan. 2017

Taleb, Nassim Nicholas (2010): Der Schwarze Schwan. Die Macht höchst unwahrscheinlicher Ereignisse, München

Tiberius, Victor (Hrsg.) (2011): Zukunftsorientierung in der Betriebswirtschaftslehre, Wiesbaden

„Wissen Sie", sagt Herr Tur Tur zu Lukas,
„ich bin ein Scheinriese.
Ich erscheine nur groß aus der Ferne."

Michael Ende, Jim Knopf und der Scheinriese

Es gibt noch Scheinriesen!

Anstelle eines Nachwortes

Und jetzt?

Im Sinne unserer Ausführungen müssen auch wir uns reflexiv beobachten. War der Versuch tatsächlich lohnend, Betriebswirtschaftslehre und Zukunftsforschung näher zusammenzubringen, wie es mit Blick auf den Fall Smart unsere Ursprungsidee gewesen ist?

Am Ende unserer Fall-Rekonstruktion stellen wir diese Frage anders, nämlich: Ist eine solche Annäherung überhaupt erwünscht? Wir jedenfalls gehen in dieser Hinsicht ernüchtert aus dem Projekt und haben hinsichtlich disziplinärer Kooperation einiges gelernt. Hier ein *pars pro toto* in Sachen ‚Zukunftsforschung trifft BWL' (das sich durch Erfahrungen aus der Zukunftsforscher-Community vielfach ergänzen ließe).

Streitpunkt

Eine geringfügig kürzere Version dieses Beitrags haben wir bei einer renommierten deutschen Betriebswirtschaftszeitschrift eingereicht – als ‚Blind-Text' für die

Peer-Review. In Kürze die Begründung des abschlägigen Bescheids: Für die BWL sei wichtig, „welche aktuellen Entwicklungen stattfinden, was die wichtigen Trends sind und wie die Forschung diese einordnet und beurteilt". Ferner bedürfe es „Leitlinien, differenziert nach situativen unternehmerischen Besonderheiten" sowie eine Prüfung der Übertragbarkeit „auch auf andere Kontexte". Mit anderen Worten: Es brauche Erfolgs-, Risikofaktoren und Benchmarks.

Wir erhielten also keinen Kommentar zu unserem transdisziplinären Vorschlag, BWL und Zukunftsforscher einander anzunähern, sondern eine Duftnote aus der betriebswirtschaftlich kolonialisierten Innovationsindustrie (Abteilung Glaskugelfraktion). Denn Maßstab der Begutachtung war die Prophetie: Wie zu Zeiten des Delphi'schen Orakels, wollte man nicht wissen, wie auf methodisch zeitgemäßem Niveau Zukunft bewältigt werden könnte, sondern *was kommt*. Und inszenierte zu diesem Zweck eine bemerkenswert übergriffige Eingemeindung fachfremden Gedankenguts in das eigene Weltbild:

- Während aus unserer Perspektive das Ansinnen, die Anschlussfähigkeit beider Disziplinen erst einmal zu prüfen (was bedeutete, weder die Zukunftsforschung betriebswirtschaftlich zu überformen, noch betriebswirtschaftliche Themen zukunftsforscherisch einzuordnen), erhielten wir stattdessen ex cathedra einen Richtlinienkatalog, wie Zukunftsforschung betriebswirtschaftlich zu funktionieren hat.

- Während es aus unserer Perspektive darum ging, eine in diesem Fall zukunftsforscherisch zustande gekommene Innovation in einen betriebswirtschaftlichen Rahmen zu stellen (geht das überhaupt? Was sind Spielräume und Grenzen? Was Nutzen und Probleme?), erhielten wir stattdessen – noch vor Donald Trump – „alternative Fakten": eine überhebliche Abschätzung zukunftsforscherischer Verfahren nach Maßstäben der BWL. Subtext: Zukunftsforschung ist eine *neumodische Version der BWL mit prognostischem Fokus*; und genau diese Version muss – im betriebswirtschaftlichen Sinne – im Fokus stehen (und sich überdies erst einmal bewähren).

Bewährungsprobe

Alte Wissenschaftshasen raten grundsätzlich davon ab, Kommentare zu kommentieren. Warum wir in diesem Fall trotzdem auf BWL-Kritiker antworten? Weil deren Kritik hier den Blinden Fleck der BWL in puncto disziplinärem Selbstverständnis so gleißend hell anstrahlt, dass die Argumentationslinie einem Offenbarungseid gleichkommt. Methodologie, Fragen disziplinärer Anschlussfähigkeit, Überprüfung der Wissenschaftsverständnisse? Unnötig; die BWL weiß schließlich, was sie wie für sich definiert. Die Betriebswirtschaft ist durchaus offen dafür, ihren (!) Kanon zu modernisieren. Aber durch ein alternatives Mindset die eigenen Denkwerkzeuge neu bewerten? Womöglich Fachgrenzen anders ziehen oder gar erweitern? Sich durch (empirisch vielfach belegbare) praktische Probleme in Wirtschaftsorganisationen, was etwa Prognosen, Langfrist-Strategien, Risikomanagement oder Disruptions-Bewältigung anbelangt, von anderen informieren lassen? Prüfen, wo etwas zu lernen ist...?

Wir wissen jetzt, welcher Bereich dieser Zunft heilig ist und mit Zähnen-und-Klauen verteidigt wird. Was dennoch verblüfft – beziehungsweise unsere Meinung bestätigt –, ist nicht das Feedback über Details, sondern der Tenor der Kommentare. Die Mentalität der Disziplin, die hier zutage tritt; das Wissenschaftsverständnis, das dabei in Geltung steht. Sowie der sich auf einen klaren archimedischen Punkt zurückziehende Habitus, der fachfremde Themen (die, ohne Zweifel, betriebswirtschaftlich aktuell und brisant sind) umgehend vereinnahmt und dabei auch noch inhaltlich entkernt. Eine Art Guerilla-Taktik für die disziplinäre Defensiv-Arbeit.

- *Tenor*: Betriebswirtschaftliche Forschung hat keine Ränder, Schnittmengen mit uns oder anderen, keine Unschärfen, Erweiterungspotenziale oder Lernzonen. Hier wird nicht gedacht, sondern ‚vor-urteilsgewusst'. Genuin zukunftsforscherisches ökonomisches Handeln, das dem eigenen Mindset fremd ist, existiert entweder gar nicht, oder wird für betriebswirtschaftlich irrelevant erklärt. Bedeutsam und legitim wird es erst dadurch, dass sich die Zukunftsforschung dem betriebswirtschaftlichen (hier: prognostischen) Paradigma *unterwirft* und dem zukunftsforscherischen (hier: antizipatorischen) Paradigma abschwört. Andere Paradigmen sind nicht satisfaktionsfähig.

- *Mentalität*: Gefühlte disziplinäre Liga-Spitze, „Mia san mir". (Kooperationen prüfen, experimentieren, iterativ Dinge ausprobieren? Kommunikationen mit ungewissem Ausgang? Wozu?)

- *Wissenschaftsverständnis*: Betriebswirtschaftliche Forschung funktioniert nach universalistischen Geltungsansprüchen. Ausschließlich. Man erforscht etwas, leitet Lehrreiches, Instruktives daraus ab und macht es für andere nutzbar, indem man es verallgemeinert. Ergo: Erkenntnisse, die sich etwa auf eine ‚unique' Tiefenkompetenz jeder Organisation beziehen; die in anderen Organisationen vielleicht auch ‚provoziert' werden könnten, die sich womöglich gestalten und hervorrufen ließen; sind per definitionem nicht wissenschaftsfähig (Universalismus-Prämisse, soziokulturelle Blindstellen, Fallstudien, die zu nichts Anderem dienen als zur Feinjustierung der bereits etablierten Norm.) In der Zukunftsforschung gilt jeweils das Gegenteil.

- *Habitus*: strikt intradisziplinär. Die ökonomische Welt unterliegt einer wirtschaftswissenschaftlichen Perspektive, Punkt.

Gegner und Verbündete

Gewiss: Wir überpointieren mit dieser Darstellung; absichtlich. Aber selbst, wenn man diese Sicht der Dinge nicht teilt, ist offensichtlich: Hier bemüht sich eine Disziplin – die BWL – um Selbstimmunisierung. Wir sind indes davon überzeugt, dass moderne, globale Wirtschaftsorganisationen von einer „Wissenschaft", die sich mit Hilfe von ‚Lordsiegelbewahrern' überkommener Traditionen vom Wandel abschottet, nichts zu erwarten haben. Unsere Ausgangsüberlegung war, dass zwei so junge Disziplinen wie BWL und Zukunftsforschung interessante Schnittmengen identifizieren können, die *praktisch* weiterführen. Dass sie gegenseitig profitieren können müssten von ihren ganz unterschiedlichen Sichtweisen auf wirtschaftliche Dinge. Beide Disziplinen sind mit dem Programm angetreten, zum Wirtschaftshandeln Nützliches beizutragen – die einen, um einen Betrieb transparent zu machen und zu optimieren; die anderen, um in unübersichtlicher werdenden Situationen trotz Unübersichtlichkeit erfolgversprechend planen zu können. Zwei Erkenntnisinteressen, *die sich ergänzen*, und *an deren Schnittstelle sich die zentralen ökonomischen Praxisprobleme der Gegenwart abspielen.* (In nahezu allen wirtschaftlichen Großorganisationen ist aus diesem Grund diese Schnittstelle als Foresight-Funktion inzwischen fest etabliert; in der Daimler AG seit vierzig Jahren).

In dieser Funktion orientieren sich Zukunftsforscher in ihrer Profession nicht in erster Linie an wirtschaftlichen Bedingungen, sondern am Erbe der Aufklärung, genauer: an einem speziellen Aspekt der aufklärerischen Tradition. Gemeint ist die (doch eigentlich unkontroverse) Vorstellung, den eigenen kompetenzspezifischen Werkzeugkoffer, der innerhalb einzelner Fachdisziplinen oder Organisationen bis heute jeweils entwickelt ist, Stück-für-Stück *kontrolliert* und *systematisch* zu erweitern und gegebenenfalls zu verändern: *um damit das Denken zu erweitern und zu verändern.* Das ist der Punkt: Wir müssen das Denken ‚fluide' halten, so die zukunftsforscherische Überzeugung, *weil sich die Welt verändert.*

Wenn sich Dinge wandeln, brauchen wir ein anderes Bewusstsein über das, was vormals als Welt konstruiert wurde; einen anderen Blick, andere Analysen, andere Herangehensweisen an das, was Realität sein soll. Betriebswirtschaftliche Instrumente sind dafür nicht geschaffen worden und hier schlicht nicht hilfreich (Das ist keine Kritik an der BWL und kann schon rein logisch gar keine sein!). Zukunftsforscherischem Denken liegt vielmehr ein Wissenschaftsverständnis zugrunde, demgemäß man *am Ende der Forschung ein anderer ist als vorher.* Die Erkenntnisse verändern, weil ein anderer Blick auf die Sache geworfen wird, auch den Beobachter. Man erweitert, in einem präzisen Sinne, den eigenen Horizont – aber nicht beliebig! Genau *das* ist der Sinn, warum Menschen bestimmte Erkenntnisse auf dezidiert wissenschaftlichem Wege suchen. Und warum auch Zukunftsforschung wissenschaftliche Ansprüche reklamiert: Denn nur Wissenschaft – im Sinne methodisch überwachter Metakognition, also reflexiver Selbstkontrolle – kann Denken in einer Weise erweitern, die nicht in Unvernunft mündet und vor einem unbewussten Abgleiten in ideologische Muster schützt. Dieses Erfordernis gilt gerade und insbesondere für ein Denken auf Vorrat.

Dieses Wissenschaftsverständnis ist demjenigen der BWL diametral entgegengesetzt. Dort herrscht noch ein vormoderner Wissenschaftsbegriff: Der Beobachter bleibt stets derselbe (und dafür, dass er das bleiben kann, muss – mit trickreichen Defensivstrategien – aktiv gesorgt werden), nur die Welt verändert sich. Und wenn man diese Welt mit bisherigen Maßstäben nicht mehr zureichend ermessen kann, muss man ‚nur‘ die Instrumente schärfen; zum Beispiel die Prognostik aufhübschen. Dass womöglich die *gesamte Instrumenten-Kategorie* ihren Nutzen verloren haben könnte und man *andere* braucht, ist nicht denkmöglich. Genau so lässt sich denn auch das Review-Ergebnis aus der betriebswirtschaftlichen ‚Peer' verstehen: ‚Uns interessiert, wie man unsere *BWL*-Instrumente verbessert, nicht, was ihr sonst noch für tolle andere in petto habt!' Der Wissenschaftler ist hier – wie zu alten, metaphysisch abgesicherten Zeiten – nicht von dieser Welt, sondern besiedelt einen (selbst-) sicheren, stabilen, archimedischen Über-Ort, der die Gesamtsicht sowie die naturgegebene Legitimität dieser Sicht garantiert, und von dem aus man am Ende verlässlich angeben kann, was richtig ist; worin die ‚objektive Wahrheit' besteht; was als ‚unkontrovers' gilt und damit kanonisch werden darf. Der Wissenschaft obliegt eine Wächterfunktion, genau diese Schwelle (und damit diesen Ort) zu kontrollieren. Das ist Kern ihrer Aufgabe: *Sie verteidigt und hält die Grenze.* Hier wird seit mehr als zweitausend Jahren eine Verteidigungsschlacht inszeniert, nicht neues Terrain erobert. Das Risiko, mittels Wissenschaft womöglich ganz woanders herauszukommen, ist dieser Art von Wissenschaft zu groß. Man hat weitaus mehr zu verlieren als zu gewinnen (nämlich die eigene sakrosankte Position in ihrer ganzen unwiederbringlichen Heiligkeit). Man müsste sich ansonsten verändern, Grenzen neu ziehen, eigene Mittel überdenken. Stattdessen sichert man lieber den Ort, an dem man steht und schützt ihn vor dem unsteten, prinzipiell als identitätszersetzend bewerteten ‚wind of change'.

Nichts Neues unter der Sonne also? Nicht ganz. Was man der BWL fairerweise zugute halten muss: Dieses Mindset prägt natürlich nicht nur die BWL (und andere Sozialwissenschaften), sondern ebenso weite Teile der wissenschaftsfernen Zukunftsbranche. Auch sie orientiert sich an dieser (im Grunde antiken) Vorstellungswelt, heischt auf diese Weise nach wissenschaftlichem Nimbus; und liefert den Eingeweihten im Paradigma des Gurus Insights aus dem Morgen. Einen solchen Habitus seitens der Wissenden – der Soziologe Pierre Bourdieu nannte ihn „Homo academicus" – ist man *gewohnt*: Er definiert seit über zweitausend Jahren unser Bild von Wissenschaft. Viele innerhalb der europäischen Wissenschaftsinstitutionen haben während ihrer Laufbahn andere Rollen nie kennengelernt. Wer einen Blick auf das zeitgenössische Panorama medial präsenter Intellektuellen-Päpste wirft, erkennt dieses Muster sofort; und staunt nicht nur darüber, wie gut es sich über die Jahrtausende gehalten hat, sondern noch viel mehr, wie sehr es noch immer gefragt ist. Zyniker kommentieren: Jede Gesellschaft habe eben die Wissenschaft, die sie verdient.

Was aber alles kein Grund dafür sein kann, dass die Flaggschiffe betriebswirtschaftlicher Forschung noch im 21. Jahrhundert, also *aus der Wissenschaft heraus,* dafür sorgen, dass Scheinriesen aus märchenhafter Zeit auch in der unübersichtlich gewordenen, hypermodernen Gegenwart ungehindert weiter ihr Unwesen treiben dürfen. Der alte Zusammenhang von Wissen und Macht ist ein solcher Scheinriese. Seine *Auctoritas* wurzelt in der Tradition, nicht in einem vernünftig begründbaren Sachverhalt. Die moderne Wissenschaftstheorie – seit Thomas S. Kuhn – hat bereits in den 1960er Jahren dieses Mindset abgeräumt; und die mit wissenschaftlichem Anspruch auftretende, ursprünglich amerikanische Zukunftsforschung ist von ihr tief geprägt. Bloß: Es ist eben immer noch wie bei David und Goliath. Die Aufmerksamkeit liegt, wie zu biblischen Zeiten, auf dem tumben Riesen. Dass der, wenn man auf ihn zugeht, immer kleiner wird, hat sich noch nicht überall herumgesprochen.

Duell

Aus diesen Zusammenhängen, aus diesem immensen Kontrast, speist sich unsere Irritation. Was hier sichtbar wird, ist eine „Gleichzeitigkeit des Ungleichzeitigen", im Sinne Ernst Blochs: Unterschiedliche Weltbilder und Wissenschaftspraktiken laufen gegenwärtig gleichzeitig, also parallel; in unserem Fallbeispiel sogar: *gegeneinander*. Und im komplexen unkontrollierten Gemenge der Interessen droht dabei Wissenschaft, so wie wir sie verstehen: als Instrument zur Horizont*erweiterung,* ‚unter die Räder' zu kommen. In dieser Perspektive drängen sich einige neuartige, seltsam anmutende Fragen auf: Was ist – nicht nur in der Wirtschaftswissenschaft – los? Was konserviert, speziell in der BWL, diesen verblüffenden Aussetzer? Woher kommen Energie, Zeit, Mühe und Engagement für den argumentativen Aufwand, der erforderlich ist, um den eigenen Kanon „sauber" zu halten gegenüber andersartigen, zeitgemäßen Perspektiven?

Gerade der noch junge, vergleichsweise offene „Kanon" beider Bereiche, also von BWL und Zukunftsforschung; seine Unterbestimmtheit, forderte doch genau das, was die gesellschaftliche Dynamik heute prägt (Kollaboration, Netzwerke)! Kann es tatsächlich sein, dass Wissenschaft – *immer noch* – in weiten Teilen legitimiert ist und sich reproduziert durch: Machtinteressen? Letztlich durch diejenigen metaphysischen Wurzeln, die bereits antiker

Priesterkaste und Orakel zu heiligem, göttlich privilegiertem Wissen verhalfen? Und was ließe sich von einer solchen Form von Wissenschaft heute, in nachmetaphysischer Zeit, praktisch erwarten? Ist es wahrscheinlich, dass uns dies bei der Lösung der vorliegenden, unserer *aktuellen* Probleme weiterhilft? Ist das „Auswandern" professioneller Foresight in die Wirtschaftsorganisationen womöglich kein Zufall? Sondern eine Art Notwehr, ein Ausweichen? Ein Sich-selbständig-Machen, eine Autonomiebewegung praxisorientierten Denkens, das in traditionellen Wissenschaftsinstitutionen keine Heimat mehr findet? Der Absturz der zukunftsforscherischen Wissenschaft, wie sie zeitweilig in den 1960er und 1970-er Jahren an der FU Berlin von Rolf Kreibich oder Ossip K. Flechtheim auf hohem wissenschaftlichen Niveau existierte, wäre in dieser Lesart kein Betriebsunfall einer bloß noch nicht genügend institutionalisierten Disziplin, sondern eine konsequente Folge der europäischen Wissenschaftsevolution, die zumindest in Teilen die moderne Zeitenwende nicht geschafft hat – und sich *trotz* Erfolges selbst außer Geltung setzt. Entstehen also Parallel-Wissenschaften? Hält die Individualisierung jetzt auch Einzug in den Wissenschaftsbetrieb? Macht ab jetzt jeder seine eigene Science? (Indikatoren dafür findet, wer sucht...)

Oder – Gegenvorschlag – bedarf es stattdessen nicht allmählich eines anderen, säkularen, modern informierten Wissenschaftsverständnisses; womöglich neuer, abweichender Disziplinen? Zum Beispiel einer Meta-Kompetenz für Wissenschaftsorganisation: Also einer systematischen Beforschung der Frage, wie sich *Neuheit, An-*

dersartigkeit und Normabweichung im Erkenntnisfortschritt institutionell absichern, das Aufkommen eigendynamischer, sich aus der Tradition heraus entspinnender Erkenntnislogiken verhindern lassen; wie Denken selbst kontrolliert werden kann? Von allein geschieht das ganz offensichtlich nicht.

Müsste aus wissenschaftspolitischen Gründen Neuheit heute nicht ein methodologischer Eigenwert zugewiesen werden; eine nachholende Modernisierung der akademisierten Wissenschaft nicht strategisch forciert; und mit zeitgemäßen Instrumenten der Metakognition begleitet werden? Etwa mittels Unterstützung und Bereicherung durch die vielen instruktiven, häufig befremdlichen, kontra-intuitiven Erkenntnisse aus Kognitionsforschung, Lerntheorie, System-, Komplexitäts- und Neuro-Wissenschaften?

Sollten wir nicht anfangen, unsere Fähigkeiten für Zukunftsoffenheit, für Kreativität, Innovation und Fantasie, *systematisch zu schützen* – aus präventiver Sorge, dass ihnen im selbstvergessenen, sachlich-sozialtechnologischen Furor unmerklich die Luft abgeschnürt wird? Ist beispielsweise das aktuelle Muster der digitalen Transformation, wie es aus dem amerikanischen Westen zu uns herüberschwappt, nicht ein Katalysator dafür, unsere Blickrichtungen und Entscheidungsoptionen immer weiter zu vereinseitigen anstatt zu vervielfachen? Ist die Industrie 4.0 tatsächlich ein Programm der Ermöglichung von Flexibilität und operativer Varianz – oder sind cyberphysische Systeme nicht gerade dazu da, über Verlinkungen, ‚autopoietische' Kontakte im perfekt standardisierten „Internet der Dinge", in denen der Zufall eliminiert sein soll, Alternativen auszuschließen, „Un-Fälle" zu verunmöglichen? Welche *Art* von Sicherheit erzeugt dieser Typus sozialen Wandels: Was wird dadurch sicherer, und was fällt aus dem Fokus von zu-Sicherndem dabei unbemerkt heraus? Welche Risiken lassen wir ‚hinter unserem Rücken' unkontrolliert wachsen? Genau so etwas herauszufinden, war zu Beginn unserer aufklärerischen Anstrengung im frühmodernen Abendland einmal der Impetus aller Wissenschaft: Allmählich immer *mehr* und immer *weiter* sehen können. Sich von der eigenen Unmündigkeit lösen, befreien. Den Blinden Fleck austricksen. Bloß: Wer kümmert sich heute auf wissenschaftlichem Niveau um die Kosten dessen, was derzeit unter Wissenschaft (in einer seltsam geschrumpften Hybrid-Version) läuft? Ließe sich die Smart Factory der Zukunft nicht auch anders denken? Was machte eine Wirtschaftsorganisation des 21. Jahrhunderts gemäß europäischer, zeitgemäßer, zwar nicht mehr fortschrittsorientierter, jedenfalls aber evolutions*offener* Werte aus?

Oder ist uns das zu schwierig, zu anstrengend? Ist es langfristig besser, das Denken einzustellen? Und jeder transatlantisch vorgegebenen Disruption im Schweinsgalopp hinterherzuhecheln, statt einen eigenen Kompass zu konstruieren und ihn uns gemäß zu eichen?

Offenes Ende

Drama raus − „der Vorhang zu und alle Fragen offen". Unsere Haltung zu diesen Fragen ist klar: sie sind rhetorischer Natur. Zwar repräsentiert all dies genuin spätmoderne Probleme; wissenschaftspolitisch gesprochen: Zukunftsmusik. Aber genau dafür ist Zukunftsforschung da: Auf Vorrat zu denken und antizipatorisch dem vorzugreifen, was denk*möglich* ist. Je mehr Denkwerkzeuge wir zur Verfügung haben, und je heterogener unser Werkzeugkoffer gefüllt ist, desto weiter können wir denken, desto besser Unerwartetes bewältigen. So schlicht funktioniert Zukunftsforschung.

Dafür gibt es beeindruckende Wegbereiter; Anfänger sind wir schon lange nicht mehr. Leider sind deren Konzepte alles andere als schlicht; vielleicht auch ein Grund, die Bequemlichkeit des alten „Kanons" zu schätzen. Niklas Luhmann, Michel Foucault, Paul Feyerabend, amerikanische Pragmatisten und quantentheoretische Physiker haben genau eine solche metakognitiv qualifizierte Wissenschaft zu ihrem Programm erkoren – eine konstruktivistisch-bunte Truppe zukunftsforscherischer *echter* Riesen, auf deren Schultern wir stehen. Vielleicht gelingt es uns mit diesem Artikel ja, für deren Sichtweise zu werben, Neugierde zu entfachen (oder auch Empörung!). Für eine neue, glaubwürdige und fruchtbare Zusammenarbeit beider Welten – etwa von Betriebswirtschaft und Zukunftsforschung – ist jedenfalls anderes vonnöten als der überkommene, scheinriesenhafte und grundlos selbstüberzeugte „one best way" aus den mythischen Vorzeiten moderner Wissenschaft.

Zeitfracht Medien GmbH
Ferdinand-Jühlke-Straße 7
99095 Erfurt, Deutschland
produktsicherheit@kolibri360.de